D1725852

CONTE *verlag*

Marcus Imbsweiler

Frontsignale

Komponieren in Zeiten des Krieges

Erzählungen

CONTE *belletristik*

Bibliografische Information der Deutschen Nationalbibliothek
Die Deutsche Nationalbibliothek verzeichnet diese Publikation in der
Deutschen Nationalbibliografie; detaillierte bibliografische
Daten sind im Internet über http://dnb.d-nb.de abrufbar.

ISBN 978-3-941657-20-5

© Marcus Imbsweiler, 2010
© CONTE Verlag, 2010
Am Ludwigsberg 80-84
66113 Saarbrücken
Tel: (0681) 41624-28
Fax: (0681) 41624-44
E-Mail: info@conte-verlag.de
Verlagsinformationen im Internet unter www.conte-verlag.de

Lektorat: Daniela Hartmann
Umschlag und Satz: Markus Dawo
Druck und Bindung: PRISMA Verlagsdruckerei GmbH, Saarbrücken

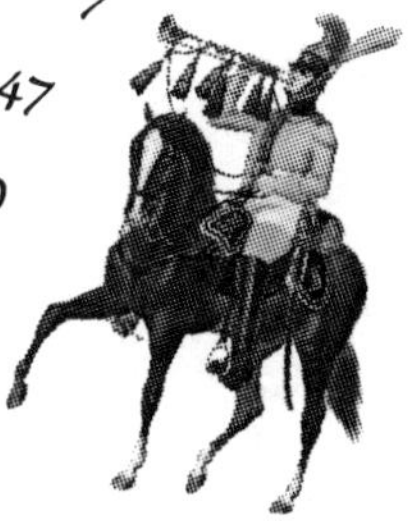

Ende des Sommers

Die Dunmow Road, ein trockenes Flussbett inmitten der Hügel von Essex. Wie Quelle und Meer verbindet sie Monk Street und Thaxted, den Weiler mit der Kleinstadt. Eidechsen auf ihrer geschotterten Haut. Irgendwann taucht sie ein in ein wogendes Gerstenfeld, breiter als jeder Exerzierplatz – und mit ihr ein früher Wanderer, staunend über diese staubgoldene Pracht, über das Getreide, das beiderseits immer höher emporragt, bis er zuletzt in leuchtender See versinkt, von magischen Strudeln herabgezogen. Gönnen wir ihm eine Pause. Er entledigt sich seines Jacketts, nimmt die Brille ab, wischt sich den Schweiß von der Stirn. Die Ähren über ihm strotzen vor Kraft: geballte Wärme eines langen Sommers. Vor dem blauen Himmel tasten ihre Grannenfinger nacheinander. Eine Armee, fährt es ihm durch den Sinn, ein Aufmarsch: Mann neben Mann, Schulter an Schulter, gemeinsam vom Wind gebeugt, gemeinsam zurückweichend. Schwankend und doch im Gleichklang. Es ist Gerste, braungoldene Gerste, und sie hätte längst geerntet werden müssen. Aber woran soll man sonst denken, in diesen Zeiten?

Der Wanderer setzt seinen Weg fort, trotz der Morgenstunde froh über jeden Luftzug. Er kann sich nicht erinnern, jemals einen so gewaltigen Spätsommer erlebt zu haben.

Was für ein Sommer … Überall erhitzen sich die Geister, in allen Ländern. Das junge Jahrhundert steckt voll hochfliegender, weitreichender Gedanken, Grenzen werden missachtet, man beginnt mit der Neuordnung des Kontinents oder, warum nicht, des Planeten, die Strategen bekommen glänzende Augen, wenn sie mit einer Bewegung ihres Handrückens alle Bedenken, jede Beschränkung und jeden Protest von der Weltkarte fegen. Glühend erregte Stirnen, wohin man schaut, sich überschlagende Stimmen, das eisenschmelzende Feuer der Erregung. Alles in Aufruhr. Der Einzelne gilt wieder etwas, er ist Gedanke geworden und wird über die Grenzen geschickt, ins Feld, in die Felder … Mit den anderen zusammen, im Gleichklang.

Was für ein Sommer!

Ein Automobil rollt gemächlich durch die Gerstensee, überholt den Wanderer, hält stotternd an: ob man den Herrn mitnehmen könne. Nach Thaxted. Bei dieser Hitze.

Danke, nein. Der Weg geht sich leicht, trotz der Temperaturen. Außerdem ist es nicht mehr weit. Vielen Dank.

Langsam entfernt sich der Wagen. Die Staubwolke, die er aufrührt, wird vom Wind zerteilt.

Die Polizeistation von Thaxted befindet sich im Wohnhaus des Sergeanten Smith, in einem kleinen Raum linkerhand der Diele. Sergeant Smith hat beides, das Haus und die Führung der Station, von seinem Vorgänger übernommen, der vor vielen Jahren in Erfüllung seiner Dienstpflicht verschied. Von zwei Pferdedieben, denen er in eiskalter Dezembernacht auflauerte, wurde der Mann verprügelt. Und weil er bis zum Morgengrauen bewusstlos in einer Pfütze lag, zog er sich eine Unterkühlung zu, an der er starb. Seit Menschengedenken war in Thaxted kein schrecklicheres, verabscheuungswürdigeres Verbrechen begangen worden, und was nützte es den beiden Dieben, dass sie sich brieflich bei der Witwe des Sergeanten und bei den Bewohnern des Ortes entschuldigten? Am Galgen mussten sie Abschied nehmen von ihrem sündigen Leben. Das ist lange her.

Bis zu diesem Sommer hat es keinen Vorfall gegeben, der sich auch nur annähernd mit den alten Geschichten hätte messen können, und jeden Abend schickt Sergeant Smith ein Stoßgebet gen Himmel, dass sich daran nichts ändert. Dafür ist er auch bereit, ein Ärgernis zu ertragen, das wie eine Landplage über den Ort hereingebrochen ist: das Schreckgespenst des Kommunismus. Ja, der rote Brand hat Fuß gefasst in Thaxted, und zwar in Gestalt eines Pfarrers: Vikar Conrad Noel. Ein berühmter Mann, sicher. Und vielleicht der Einzige, der zu St. John the Baptist passt, dieser viel zu groß geratenen Kirche im Zentrum von Thaxted. Aber warum muss er Dinge predigen, die in dieser Region des Landes noch niemand zu denken geschweige denn auszusprechen gewagt hat, schon gar kein Pfarrer? Und welcher Gott heißt ihn, vor seiner Kirche die Flagge irischer Nationalisten neben der roten Arbeiterfahne zu hissen? Mehr als einmal hat Sergeant Smith den Vikar ermahnen müssen, hat seine ganze Autorität in die Waagschale geworfen, wie sie nur ein Repräsentant der Krone besitzt. Der Vertreter eines Weltreiches. Dass der von Marx und Engels infizierte Geistliche aber jemals seine umstürzlerischen Gedanken in die Tat umsetzen, seine Hand gegen die Ordnungsmacht erheben würde, glaubt selbst der Polizist nicht.

Obwohl, man weiß nie. Drüben in Russland spielen sich seltsame Dinge ab. Vom übrigen Kontinent ganz zu schweigen.

Glitzerndes Sonnenlicht fällt durch die geöffneten Fenster der Thaxteder Polizeistation, als der Wanderer über die Schwelle tritt. An einem breiten Sekretär, der den Raum in zwei Hälften teilt, sitzt ein uniformierter junger Mann hinter einer Schreibmaschine und ölt die Mechanik.

»Guten Morgen«, sagt der Wanderer. »Sergeant Smith?«

»Oh, nein«, entgegnet der junge Mann und springt auf. »Das bin ich nicht, bitteschön. Der Sergeant ist ausgegangen. Ich bin bloß Konstabler. Konstabler Brown.«

»Sergeant Smith hat mich zum Gespräch hierher gebeten.«

»Ah, ja.« Eine leichte Röte überzieht das Gesicht des Konstablers. Er hat rotblonde, gelockte Haare, blasse Haut und ein überlanges Kinn. Das Ölkännchen wandert von einer Hand in die andere. »Ich weiß. Er sagte …

Sergeant Smith musste dringend fort. Seine Frau bat ihn, bei Besorgungen zu helfen. Er wusste nicht, dass Sie so früh kommen würden.«

»Eine schlechte Angewohnheit«, lächelt der Wanderer. »Außerdem steht jetzt die Sonne noch nicht so hoch. Bei meinem Heimweg wird das anders sein.«

»Vielleicht finden wir einen Wagen, der Sie zurückbringt.«

»Nicht nötig, danke.«

Der Konstabler nickt. Er überlegt, was zu tun ist. Sein Vorgesetzter wird kaum innerhalb der nächsten halben Stunde zurückkehren. Peinlich genug, dass der Mann den Weg von Monk Street in der aufkommenden Hitze zu Fuß zurückgelegt hat; peinlicher noch, dass er nun warten muss. Im Grunde könnte er selbst, obwohl nur Konstabler, das Gespräch bestreiten, es würde allen nützen. Auch wenn er nicht alle Details kennt und nicht weiß, mit welcher Methode Sergeant Smith die Befragung des prominenten Gasts zum gewünschten Ergebnis (zu welchem eigentlich?) bringen möchte. Trotzdem lässt er den Gedanken fallen. Man könnte ihm sein eigenmächtiges Vorgehen als Einmischung auslegen, als unbefugtes Vorpreschen.

»Dürfte ich hier neben dem Fenster auf Sergeant Smith warten?«, fragt der Wanderer.

»Aber sicher, gerne. Es tut mir sehr leid, dass Sie …«

»Und stört es Sie, wenn ich ohne Jackett …?«

»Überhaupt nicht, Sir. Nicht im Geringsten.«

Fotografien schmücken die Wand der Polizeistation von Thaxted. Die größten Kreuzer der britischen Seeflotte, das militärische Herzstück des Königreichs, ein Bild neben dem anderen, von Sergeant Smith persönlich angebracht. Immer wieder fällt der Blick des am Fenster sitzenden Wanderers auf die Schlachtschiffe, deren kalte Pracht ihn fasziniert. Abstößt und fasziniert. Leicht vergisst man, welch zerstörerische Macht dieses Land besitzt, wenn man durch helle Gerstenfelder schreitet, in ihnen versinkt, wenn man die träge Eitelkeit plaudernder Frauen auf der Thaxteder Hauptstraße beobachtet, die Anmut spielender Kinder und die Behäbigkeit der Pferdefuhrwerke. Der Wanderer, an der Grenze dieser beiden Welten sitzend, tupft sich ab und zu Schweißperlen von der Stirn. Während vor ihm das kleine ostenglische Städtchen im Morgenlicht erblüht, durchkreuzen hinter ihm der Schlachtkreuzer Indefatigable, die riesenhafte Queen Mary mit ihren über tausend Mann Besatzung und der Panzerkreuzer Good Hope den Dämmer der Polizeistation.

Nur die Tapete stört das Flottenmanöver. Ihr Blumenmuster schmückt auch die Diele und reicht sicherlich bis ins Schlafzimmer der Eheleute Smith hinein.

»Entschuldigen Sie, Sir. Möchten Sie vielleicht etwas trinken? Einen Tee?«

»Ein Glas Wasser wäre gut.«

»Sofort, Sir.« Der junge Konstabler verlässt den Raum, um nach wenigen Sekunden mit einem Glas Wasser in der Hand zurückzukehren. Wie hat er das nur so schnell geschafft? Man hat nicht einmal gehört, wie er einen Wasserhahn aufdrehte.

Während der Besucher trinkt, steht der Polizist mit den Händen auf dem Rücken da und mustert ihn. Das Öl an seinen Fingern hat feine Spuren auf dem Glas hinterlassen. Aber seine Uniform ist sauber und gestärkt, jeder Knopf gewienert.

»Es ist ungewöhnlich heiß diese Woche, nicht wahr, Sir?«

Der Wanderer lächelt. »Da haben Sie recht. Stammen Sie aus Thaxted, Konstabler?«

»Nicht ganz. Ich komme aus Finchingfield, fünf Meilen von hier. Aber ich wollte hierher, ich … sehen Sie, ich habe viele Freunde in Thaxted.« Wieder errötet der junge Mann.

»Wie schön.«

»Ich habe mich diesen Sommer hierher versetzen lassen. Meinen Sie, das war richtig? Oder hätte ich mich zur Front melden sollen?«

»Wie kommen Sie darauf?«

»Nun, so etwas fragt man sich doch heutzutage. Wenn man in meinem Alter ist.«

»Gefällt es Ihnen in Thaxted?«

»Ja, Sir.«

»Dann war es sicher die richtige Entscheidung.«

Der Konstabler nickt und geht langsam zum Sekretär zurück. Nachdenklich schiebt er die Walze der Schreibmaschine von einer Seite auf die andere. Der Besucher verkneift sich ein Gähnen, schlägt die Beine übereinander und schließt die Augen; sein Atem geht sehr ruhig.

Von draußen dringen versprengte Geräusche in das Innere der Polizeistation. Das Anlassen eines Motors, Rufe von Kindern, die Spitzentöne einer entfernten, aber erregten Unterhaltung. Der Konstabler befeuchtet seine Lippen mit der Zunge. Unschlüssig wandert sein Blick von seinen Händen zu dem Mann am offenen Fenster.

»Sie sind Komponist, habe ich gehört«, sagt er schließlich.

Der Mann öffnet die Augen.

»Entschuldigen Sie bitte, dass ich so aufdringlich bin, aber Sergeant Smith erzählte, Sie seien Komponist. Ein berühmter sogar.«

Der Mann nickt.

»Komponieren Sie jetzt gerade?«

»Jetzt?«

»Ja, es sah so aus. Sie hatten die Augen geschlossen.«

Der Besucher blickt den Konstabler an und schweigt.

»Verzeihen Sie«, sagt der junge Mann hastig. »Ich sollte solche Dinge nicht fragen. Wahrscheinlich ist es töricht und beleidigend, jemanden auf diese ... Es geht mich ja auch nichts an. Aber als ich Sie so sitzen sah, mit geschlossenen Augen, und ich wusste doch, dass Sie Komponist sind ...«

»Nein, nein, das ist schon in Ordnung, Konstabler. Ich musste mir nur selbst darüber klar werden, was gerade in mir vorging. Komponieren würde ich es nicht direkt nennen.«

Der Polizist nickt erleichtert.

»Ich habe gelauscht. Nichts Bestimmtem. Was sich

draußen auf der Straße tut. Nennen Sie es das Sammeln von Eindrücken. Aber komponieren?« Wieder lächelt der Mann. »Dafür scheint mir eine Polizeistation kaum der geeignete Ort.«

»Nein, natürlich nicht. Wo komponieren Sie überhaupt?«

»Überall dort, wo ich Ruhe finde. Gewöhnlich ist das mein Arbeitszimmer.«

»Drüben in Monk Street?«

»Oder in London. Hier auf dem Land kann ich mich allerdings bedeutend besser konzentrieren.«

»Und was schreiben Sie gerade? Musik für unsere Truppen? Oder über den Krieg allgemein?«

Der Komponist wirft dem Konstabler einen kurzen, prüfenden Blick zu. Wenn nicht alles täuscht, drückt seine Miene zum erstenmal an diesem Tag Ablehnung aus: Unverständnis, vielleicht sogar Ärger über eine ungehörige Frage. Er wechselt die Stellung seiner übereinandergeschlagenen Beine und sagt: »Nein.«

Der Konstabler wartet, doch es bleibt bei dieser knappen Antwort. Verlegen räuspert er sich. »Entschuldigung«, sagt er nach einer Weile. »Sergeant Smith wird jeden Moment zurück sein, dann wird er Ihnen erklären, weshalb er Sie hergebeten hat.«

Der Wanderer nickt schweigend.

Konstabler Phileas Brown aus Finchingfield hat sich natürlich nicht nach Thaxted versetzen lassen, um dort alte Freundschaften aufzufrischen. Genau genommen kannte er bis zu seinem Dienstantritt vor sechs Wochen nur eine einzige Person aus dem Ort, aber diese Person, eine gewisse Abigail Marshall, drei Jahre jünger als der Konstabler und blond bis zu den Augenbrauen, ist nach seiner Einschätzung jeden Versetzungsantrag wert. Miss Marshall singt im Sopran des Thaxteder Kirchenchors, und seit der Chor die Ehre hatte, das diesjährige Frühlingsfest von Finchingfield zu umrahmen, weiß Konstabler Phileas Brown, dass sein Platz in Thaxted ist. Nirgendwo sonst auf dieser Welt. Er weiß aber auch, dass zu dem bleibenden Eindruck, den Miss Marshall auf ihn machte, ihre helle Stimme gehört, mit der sie ganz alleine die Strophen eines Volkslieds vortrug, sowie ihr entrückter Gesichtsausdruck, mit dem sie sich Madrigalen und Chorälen widmete. Ohne die Feierlichkeit einer musikalischen Darbietung, auch dies ist ihm mittlerweile klar geworden, wäre ihm das Mädchen aus dem Nachbarort nicht aufgefallen, und nur die Sprache der Musik hat bislang eine Verbindung zwischen den beiden jungen Leuten herstellen können, denn noch haben Konstabler Brown und Miss Marshall kein Wort miteinander gewechselt.

Aus diesem Grund hat ihn Sergeant Smiths Mitteilung, heute werde ein Musiker, ein Komponist, die Polizeistation aufsuchen, so irritiert. Früher hielt der Konstabler Künstler für seltsame, womöglich etwas anrüchige Personen, deren Ansehen in keinem Verhältnis zu ihrem gesellschaftlichen Nutzen stand. Diese Meinung hat er inzwischen revidiert. Seit dem Chorkonzert von Finchingfield hegt er sogar eine heimliche Bewunderung für Menschen, denen es mit einer Handvoll Noten gelingt, aus einem Frühlingsfest ein unvergessliches Ereignis zu machen und aus der blonden Tochter eines Thaxteder Werkzeugmachers eine engelhafte Erscheinung. Irritiert hat ihn aber vor allem, dass Sergeant Smith, indem er sich heftig am Kopf kratzte, erklärte, er werde diesem Komponisten einige unangenehme Fragen stellen müssen, Fragen, deren Berechtigung er, der Sergeant, zwar prinzipiell einsehe, die ihm aber in diesem speziellen Fall doch eher unangebracht schienen. Wie auch immer, Befehl sei Befehl, und daher habe er den Komponisten zu sich gebeten. Man werde sehen.

Auch Konstabler Brown würde dem Komponisten gerne ein paar Fragen stellen, aber dazu ist er nicht befugt. Er spielt wieder mit dem Ölkännchen in seinen Händen, während seine Gedanken zu Abigail Marshall wandern und zu den Worten, die er sich für ihr erstes Gespräch zurechtgelegt hat.

Dass Miss Marshall eine entfernte Verwandte eines der beiden Pferdediebe ist, die Sergeant Smiths Amtsvorgänger zu Tode prügelten, weiß der Konstabler nicht. Auch dem Sergeanten ist diese Tatsache nicht bekannt, und wäre sie es, hätte er seinem Untergebenen gegenüber taktvoll geschwiegen. Er hätte lediglich einige Erkundigungen über die Familie Marshall eingeholt. In aller Stille, versteht sich.

»Es ist mir wirklich unbegreiflich«, beginnt Konstabler Brown und springt auf. »Sergeant Smith bleibt sonst nicht so lange fort. Und er weiß ja, dass Sie kommen wollten.«

»Vielleicht hat seine Frau heute ein paar ungewöhnliche Besorgungen zu machen.«

Schwer zu sagen, ob der Komponist diese Bemerkung ironisch meint. Der Konstabler stellt sich neben den Mann ans Fenster, stützt seine Hände auf die Fensterbank und blickt hinaus. Keine Spur von seinem Vorgesetzten. Auf der gegenüberliegenden Straßenseite werden Zeitungen aus einem Wagen ausgeladen: Eilmeldungen von der Front.

»Kann ich Ihnen nicht wenigstens einen Tee anbieten, Sir?«

»Danke.«

»Falls Sie einen dringenden Termin haben … Ich meine, der geht dann natürlich vor.«

»Oh, ich habe heute nur den Termin mit Sergeant Smith«, lächelt der Komponist. »Wobei ich nichts dagegen einzuwenden hätte, wenn ich unser Gespräch vor Mittag beendet wüsste.«

»Sicher. So lange wird es kaum dauern.«

»Vor allem, da ich immer noch nicht weiß, worum es sich eigentlich handelt.«

Der Konstabler kratzt sich am Kopf – eine Geste, die er sich, ohne es zu wissen, von seinem Vorgesetzten abgeschaut hat – und blickt wieder hinaus. Der motorisierte Zeitungsbote ist verschwunden, heute Abend wird er zurückkommen, mit einem Stapel druckfrischer Neuigkeiten aus Frankreich, die in diesen Minuten irgendwo in London zu Papier gebracht werden und doch bereits Vergangenheit sind. Unschlüssig trommelt der Polizist mit der linken Hand auf der Fensterbank. Dann dreht er sich abrupt um und geht zurück zum Sekretär.

»Es ist mir wirklich sehr unangenehm, dass Sie warten müssen«, sagt er. »Darf ich Ihnen einen Vorschlag machen, Sir? Geben Sie Sergeant Smith noch fünf Minuten.« Er deutet auf die kleine Wanduhr über der Eingangstür. »Fünf Minuten, und sollte er dann noch nicht zurück sein, erlauben Sie mir, die Befragung durchzuführen. Auch wenn ich nur Konstabler bin.«

»Gerne«, entgegnet der Komponist und unterdrückt eine Frage: warum Konstabler Brown, da er über den Zweck des Gesprächs offenbar unterrichtet ist, überhaupt auf das Erscheinen seines Vorgesetzten wartet. Eine solche Frage stellt sich nicht, weder in Thaxted noch in London noch an einem anderen Ort des Vereinigten Königreiches. Kein britischer Konstabler würde jemals gegen die Anweisungen eines Sergeanten handeln. Auf diesem Naturgesetz beruhen seit Generationen Macht und Größe des Empires, deren es in Kriegszeiten mehr denn je bedarf.

Fünf Minuten also. Fünf Minuten, in denen sich der Komponist, die Beine übereinandergeschlagen, die Hände im Schoß, die Augen geschlossen, vorzustellen versucht, wie Sergeant Smith aussehen mag. Er ist dem Polizeichef von Thaxted noch nie begegnet, schließlich lebt er erst seit wenigen Monaten in Monk Street. Ein schwerblütiger, untersetzter Mann vermutlich, träge geworden vom Dienst in der Provinz; ein Backenbart oder Schnurrbart oder sonst ein Zeichen seiner herausgehobenen Stellung. Bestimmt unmusikalisch. Obwohl man sich da vor vorschnellen Urteilen hüten sollte; im Thaxteder Kirchenchor hält ein talentierter Metzger den Tenor aufrecht, und im Sopran tummeln sich junge Mädchen, denen man alles zutrauen würde, nur kein feines Gehör. Aber selbst wenn Sergeant Smith ungeahnte künstlerische Qualitäten besäße, würde sich ihr Gespräch kaum um Musik drehen. Worum dann? Der Mann am Fenster hegt einen gewissen Verdacht; zwar ist er nur Komponist, die Zeitung liest er trotzdem.

In denselben fünf Minuten verharrt der Konstabler eine Zeitlang regungslos hinter seiner Schreibmaschine, bevor er sich fast zögernd erhebt und seinen Kragen umständlich zurechtrückt. Es soll keinesfalls so aussehen, als rechne er nicht mehr mit dem Eintreffen des Sergeanten. Er will niemanden unter Druck setzen, schließlich erfüllt er nur seine Pflicht gegenüber dem wartenden Gast. Einem Schrank an der rückwärtigen Wand entnimmt er ein dickes Protokollheft, legt es auf den Sekretär, daneben einen gespitzten Bleistift. Nachdem er einen Blick zur Uhr und einen pflichtschuldigen hinaus auf die Straße geworfen hat, setzt er sich und blättert das Heft bis zur nächsten freien Seite durch. Er notiert den Tag, die Uhrzeit, den Anlass. Anschließend – die fünf Minuten sind noch nicht ganz verstrichen –

legt er den Stift wieder beiseite und verlässt den Raum. Fast so schnell wie zuvor kehrt er mit einem Krug Wasser und einem zweiten Glas zurück.

»Es ist tatsächlich ein ungewöhnlich heißer Sommer«, sagt er fast entschuldigend und zeigt auf den Krug. »Sie erlauben, dass ich mir ...«

»Ich bitte Sie, Konstabler.«

»Ihr Name ist von Holst? Gustavus Theodore von Holst?«

»Korrekt«, sagt der Komponist. Er hat seinen Stuhl zum Sekretär gerückt; der Wasserkrug und die beiden Gläser stehen seitlich auf einem kleinen Beistelltisch.

»Ihr Hauptwohnsitz?«

»Ist London. Die Luxemburg Gardens.«

»Und Thaxted?«

»Sozusagen mein Zweitwohnsitz. Das Cottage in Monk Street habe ich für drei Jahre gemietet.«

»Ihre Berufsbezeichnung ist Komponist, Mr. von Holst?«

»Das kann man so sagen. Ich unterrichte am Morley College und an der St. Paul's Girls' School, in Thaxted komponiere ich. Hier habe ich die nötige Ruhe.«

»Was komponieren Sie, wenn ich fragen darf?«

»Alles Mögliche. Im Moment ein Orchesterstück, letztes Jahr waren es kleinere Sachen. Was gerade anliegt.«

»Aha.« Der Bleistift des Konstablers gleitet langsam über das Papier. »Sie komponieren also. Davon können Sie ... Ich meine, das ist Ihre Hauptbeschäftigung, davon leben Sie.«

»Ja«, sagt von Holst, der sich ein Lächeln nicht verkneifen kann.

»Und Sie stammen aus Cheltenham?«

»Dort bin ich geboren.«

»Das heißt, Sie sind Engländer, und Ihre Eltern sind es auch?«

Der Komponist nickt.

»In Ihrer Familie gibt es keine Ausländer?«

»Ausländer? Wie soll ich das verstehen?«

»Menschen, deren Herkunft … Angehörige anderer Nationen. Franzosen, Holländer … Ausländer eben.«

»Schon, aber was soll diese Frage, Konstabler? Haben Sie mich hergebeten, damit ich Ihnen …«

Der Polizist unterbricht ihn mit einem Räuspern, dessen Heftigkeit seine Unsicherheit verdecken soll. Nickend macht er sich einige Notizen. Dann legt er den Bleistift zur Seite, nähert seine Hände einander, so dass sich die Fingerkuppen gerade berühren, und mustert sie. Die Nägel sind rund geschnitten, immer noch schimmern Reste von Schmieröl auf der Haut.

»Es geht um Folgendes, Mr. von Holst. Ihr Name … er klingt etwas ungewöhnlich. Deshalb die Frage nach Ihrer Herkunft. Er klingt so, als stammten Sie oder Ihre Familie aus dem Deutschen Reich.«

Der Komponist schweigt.

»Ist das der Fall? Haben Sie deutsche oder österreichische Vorfahren?«

»Nein«, antwortet von Holst, ebenso knapp und schroff wie zuvor, als er nach Zweck und Ziel seiner Kompositionen gefragt wurde.

»Ich verstehe Ihren Unmut, Sir, aber wissen Sie, wie man Sie in Thaxted nennt?«

»Wie?«

»Mister Von. Das ist nicht böse gemeint, bloß wegen Ihres Namens.«

Der Komponist lacht. »Ja, ich habe davon gehört. In London täte das niemand.«

»Und deshalb denken die Leute …«

»Hören Sie, Konstabler, die Leute sollen denken, was sie wollen, Tatsache ist, dass weder ich noch meine Vorfahren etwas mit Deutschland zu tun haben. Mein Großvater stammt aus Riga, und er hat sich das Von in einer Zeit zugelegt, als es für Künstler von Vorteil war, einen deutsch klingenden Namen zu tragen. Er war nämlich Komponist wie ich. Mein einziger enger Kontakt zu Deutschland und Österreich ist beruflicher Art. Bach, Beethoven, Mendelssohn, verstehen Sie?«

»Natürlich«, sagt der Konstabler halb erleichtert, halb verlegen und greift zu seinem Stift. »Sprechen Sie denn Deutsch?«

»Leidlich.«

Der Polizist schreibt.

»Darf ich Sie etwas fragen, Konstabler? Gehe ich recht in der Annahme, dass Ihre Frage nach meiner Verbindung zu Deutschland den politischen Gegebenheiten geschuldet ist?«

»Zweifellos.«

»Und dass ich einen deutsch klingenden Namen trage, das hätte noch vor ein paar Monaten niemanden interessiert.«

Konstabler Brown zuckt die Achseln. »Es herrscht Krieg, Sir, da liegen die Dinge einmal anders als in Friedenszeiten.«

Der Komponist schüttelt den Kopf und nimmt einen Schluck Wasser.

»Entschuldigen Sie, Sir, dass ich Sie das frage, aber hatten Sie in den letzten Wochen Kontakt mit Deutschen?«

»Nein.«

»Oder Österreichern?«

»Auch nicht.«

»Weder persönlichen noch brieflichen Kontakt?«

Von Holst lacht. »Hören Sie, mein Junge, ich habe dieses Jahr bestimmt den einen oder anderen Brief nach Deutschland geschickt, das bringt mein Beruf so mit sich. Natürlich stehe ich mit Musikern in Wien und Berlin in Verbindung, mit Wissenschaftlern, mit Verlagen, was glauben Sie? Und auch in der aktuellen politischen Lage werde ich diese Kontakte beibehalten, solange das nicht strafbar ist.«

»Ging es in diesen Briefen immer nur um Musik? Um künstlerische Themen?«

»Allerdings.«

»Nie um Politik?«

»Nein.« Mit geradezu grimmigem Vergnügen beobachtet von Holst, wie sich die aufgeschlagene Seite des

Protokollheftes füllt. »Hoffentlich zweifeln Sie nicht an meiner aufrichtigen Vaterlandsliebe, Konstabler«, sagt er, »wenn ich Ihnen gestehe, dass ich vor nicht allzu langer Zeit in London das Konzert eines Wiener Komponisten namens Schönberg besucht habe. Wobei mir im Nachhinein scheint, dass weniger meine Sympathie für diesen Menschen als für seine Art von Musik Anlass sein sollte, mich staatszersetzender Agitationen zu verdächtigen.«

»Bitte«, entgegnet der Konstabler gepresst, »Sie sollten meine Fragen nicht ins Lächerliche ziehen, auch wenn sie Ihnen unangebracht vorkommen. Und Sie sollten mich nicht ›mein Junge‹ nennen. Ich tue nur meine Pflicht.«

Irgendwo, in einem fernen Raum des Hauses von Sergeant Smith, schlägt eine Uhr.

»Es war schließlich das Deutsche Reich«, sagt Konstabler Phileas Brown, »das England den Krieg erklärt hat. Und seither sterben jeden Tag unsere Leute an der Front. Zwar werden die Deutschen niemals einen Fuß auf unsere Insel setzen, das ist ja nicht einmal einem Napoleon gelungen, statt dessen versuchen sie es mit Sabotage und Störaktionen hier bei uns. Das meine ich mit Pflicht. Wir alle stehen in der Verantwortung.«

»Und deshalb überprüfen Sie jeden, der einen deutschen Namen trägt, ob er nicht ein Agent der Mittelmächte ist.«

»Wir bekommen Anweisungen und führen sie aus, Sir. Natürlich sind von hundert Befragten neunundneunzig unschuldige Bürger, echte Patrioten. Aber dass es deutsche Spione im Land gibt, werden Sie nicht leugnen.«

Abwehrend hebt der Komponist beide Hände. »Wenn Sie das sagen, wird es stimmen, Konstabler. Ich kenne mich in diesen Dingen nicht aus. Ich registriere nur mit Sorge, wie sich in diesem Land das Misstrauen breitmacht. Wie ein Klima der Verdächtigungen entsteht, um nicht zu sagen der Hysterie. Ich muss ja nun annehmen, dass mich ganz Thaxted für einen potentiellen Spion hält.«

»Aber nein, Mr. von Holst, auf keinen Fall!« Der junge Mann wirkt ehrlich erschreckt. »Sie glauben doch nicht … Niemand hat uns gegenüber etwas Derartiges behauptet oder auch nur angedeutet. Als die Anweisung aus dem Ministerium kam, sagte Sergeant Smith sogar, ihm sei die Sache sehr peinlich und er könne sich nicht vorstellen …« Heftig schüttelt Konstabler Brown den rotblond gelockten Kopf. »Bitte, Sir, das dürfen Sie nicht denken.«

»Mag sein, Konstabler, aber ich nehme sehr wohl wahr, was um mich herum vorgeht. Ich weiß, dass neuerdings deutschstämmige Lebensmittelhändler boykottiert werden, auch wenn sie schon seit Jahrzehnten in diesem Land ansässig sind. Es gibt entsprechende Aufrufe von patriotischen Vereinen. Meine Frau erzählte mir, dass unser Friseur in London kaum noch Kunden hat. Nur weil seine Familie aus Hamburg stammt.«

»Ist das nicht in gewisser Weise verständlich?«

»Nein, ist es nicht. Man kann solche Menschen doch nicht unter Generalverdacht stellen oder sie für den

Unsinn, den die Deutsche Reichsregierung verzapft, verantwortlich machen. Das ist absurd.«

»Dieser Krieg wird bald vorbei sein, und dann wird das Zusammenleben wird so funktionieren wie vorher auch.«

»Hoffentlich. Wissen Sie, was mir meine Frau noch erzählte? In den besseren Kreisen der Londoner Gesellschaft wird ernsthaft darüber diskutiert – ernsthaft, verstehen Sie? –, sich keine deutschen Hunde mehr anzuschaffen. Keine Schäferhunde, keine Dackel, keine Rottweiler. So weit sind wir gekommen.«

»Aber das sind doch Ausnahmen, Sir. Sehen Sie, Sergeant Smith besitzt einen Dackel, und den liebt er über alles. Er wird ihn bestimmt nicht weggeben.«

»Schön. Dann können Sie ja protokollieren: Gustav von Holst, baltisch-englischer Abstammung, erklärt hiermit, nicht im Sold der Mittelmächte zu stehen; er erklärt allerdings ferner, sich nicht am Boykott deutscher oder österreichischer Friseure, Geschäfte und Hunde zu beteiligen. Und am Boykott deutscher Musik schon mal gar nicht. Auch das gibt es nämlich schon: Londoner Orchester, die keinen Brahms, keinen Wagner mehr spielen wollen.«

Der Konstabler senkt unwillkürlich den Blick. Um seine Mundwinkel zuckt es. Mit den Fingerspitzen schiebt er das Protokollheft einige Zentimeter zur Seite, dann platzt es aus ihm heraus. »Aber dass die Deutschen den Krieg gewinnen«, sagt er erregt, »das wollen Sie doch nicht, oder? Ich meine, man muss schon sehr über den Dingen stehen, um nicht in Aggressionen gegen ein Land zu verfallen, das einem den Krieg erklärt. Oder wie sehen Sie das, Sir? Sie wollen doch, dass England siegt?«

Der Komponist zieht die Brauen zusammen. Es sieht aus, als schmecke er den letzten Worten des Konstablers nach; dann blickt er ihn an und schüttelt den Kopf.

Von Holst nimmt seine randlose Brille ab, um sie mit einem kleinen Taschentuch zu putzen.

»Hören Sie zu, Konstabler«, sagt er und versucht, seine Worte nicht belehrend klingen zu lassen. »Wenn Sie mich fragen, ob ich will, dass England den Sieg davonträgt, dann lautet meine Antwort in der Tat Nein. Die Vorstellung, dass ein Land zum Gewinner erklärt wird und ein anderes zum Verlierer, ist mir fremd. Als Komponist habe ich verlernt, in nationalen Kategorien zu denken. Aber bevor Sie nun einen Eilbericht ans Verteidigungsministerium schicken, sage ich Ihnen, dass das mit Sympathie für die Deutschen nichts zu tun hat. Und mit Vaterlandsverrat auch nicht. Ich bin sehr wohl dafür, dass die Reichsregierung in Berlin, die aus irgendwelchen lächerlichen Gründen einen Krieg angezettelt hat, dafür zur Rechenschaft gezogen wird. Dass sie bestraft wird. Aber nicht von England, sondern von der Weltgemeinschaft. Von sämtlichen Menschen, die dieser Krieg etwas angeht. Und ich hoffe, dass es möglichst wenig Opfer geben wird. Egal, auf welcher Seite.«

Der Polizist schweigt.

»Verstehen Sie, Konstabler, mir ist der Gedanke zuwider, Auseinandersetzungen kriegerisch zu lösen – grundsätzlich zuwider. Und aus dieser Einstellung Argumente für oder gegen meine Vaterlandsliebe abzuleiten, halte ich für falsch.«

»Das kann ich nicht beurteilen«, entgegnet der junge Konstabler, und in seinen Augen blitzt es kämpferisch. »Ich weiß nur eins: Unseren Soldaten hilft Ihre Einstellung wenig. Wenn die an der Front unter Feuer geraten, geht es ums Überleben, um nichts sonst. Und dazu müssen sie zurückschießen.«

»Sicher.«

»Und dann gibt es Sieger und Verlierer.«

»Ich weiß, Konstabler. Ich bin ja kein Phantast. Trotzdem würde ich mir wünschen, es gäbe andere Möglichkeiten der Konfliktlösung.«

»Aber dass die Deutschen diesen Krieg gewinnen, wünschen Sie sich nicht?«

»Natürlich nicht. Was für ein Gedanke!« Von Holst setzt die Brille wieder auf und schaut prüfend durch die Gläser.

»Mich würde interessieren …«, beginnt Konstabler Brown und bricht ab. Was ihm durch den Kopf geht, hat nichts mehr mit der offiziellen Befragung des Gustav von Holst zu tun. Trotzdem würde er die eine oder andere Auskunft gerne einholen, schon um mehr über sich selbst und das, was ihm beim Frühlingsfest von Finchingfield widerfahren ist, zu lernen. Und um Abigail Marshall bei ihrem ersten Gespräch unter vier Augen davon berichten zu können, mit den richtigen Worten, dem Vokabular eines Fachmanns.

»Mich würde interessieren«, setzt er wieder an, »was Sie als Komponist dazu beitragen, Mr. von Holst.«

»Wozu?«

»Dass die Deutschen den Krieg nicht gewinnen.«

Der Komponist hebt überrascht die Brauen. »Wie darf ich das verstehen?«

Konstabler Phileas Brown rutscht auf seinem Stuhl hin und her. »Sie sagen doch selbst, Sie möchten nicht, dass die Deutschen siegen. Dass sie England in die Knie zwingen. Aber dafür muss etwas getan werden. Unsere Soldaten stehen im Feld, unsere Politiker treffen Entscheidungen, und das ganze Volk steht hinter ihnen. Die Frauen von Thaxted da draußen haben zum Beispiel für die Jungs an der Front gesammelt. Die Soldatenbräute erhalten Unterstützung. Und sogar wir kleinen Polizisten auf dem Land werden zur Spionageabwehr eingesetzt, auch wenn Ihnen das komisch vorkommt. Deshalb frage ich mich, welches Ihr Beitrag als Komponist ist.«

»Was wollen Sie hören, Konstabler? Dass ich mich freiwillig gemeldet habe, wegen Kurzsichtigkeit und einer Neuralgie aber zurückgestellt wurde?« Der Sprecher hebt seine rechte Hand, der man die Schmerzen und Lähmungen nicht ansieht.

»Nein, Sir, verstehen Sie mich bitte nicht falsch. Es liegt mir fern, Sie bloßzustellen, glauben Sie mir. Jeder sollte das tun, was in seiner Möglichkeit steht, das ist meine Meinung. Und Sergeant Smith sagte, Sie seien ein richtig guter, anerkannter Komponist, deshalb dachte ich, Sie helfen unserem Land bestimmt auch, auf Ihre Weise.«

»Ich weiß nicht, ob ich ein guter Komponist bin«, entgegnet von Holst kühl. »Und auf welche Weise man als Musiker einen Beitrag zum Krieg leisten kann, weiß ich erst recht nicht. Soll ich vielleicht Märsche zur Erbauung der Truppen schreiben?«

»Warum nicht?«

»Damit die jungen Leute besser kämpfen, ja? Dass sie sich mit heißem Herzen auf den Feind stürzen? Das ist doch lächerlich, Konstabler. Welche Vorstellung …«

»Es müssen ja keine Märsche sein«, unterbricht der Polizist hastig. »Es könnte ja auch etwas ganz anderes sein.«

»Was denn?«

»Das wissen Sie besser als ich, Sir. Vielleicht eine Musik über England und all das, was wir daran schätzen und bewahren möchten. Oder Musik über das, was die Leute im Krieg erleben, über ihre Gefühle und Hoffnungen.« Der Konstabler wird rot. »Ich kann es nicht besser beschreiben, tut mir leid. Es klingt wirklich lächerlich, wenn ich über Ihr Metier spreche.«

Von Holst schweigt.

»Ich weiß ja nicht einmal, welche Art von Musik Sie schreiben, Mr. von Holst. Trotzdem könnte ich mir vorstellen, dass Sie in diesen Tagen anders komponieren als sonst. Dass der Krieg Ihre Arbeit beeinflusst, auf welche Art auch immer.«

Der Besucher schweigt immer noch. Dann fährt er sich tiefatmend mit der Hand mehrmals über das Kinn. »Ich weiß nicht recht, Konstabler«, sagt er schließlich. »Sind das noch die offiziellen Fragen des Verteidigungsministeriums, die Sie da stellen? Wird jetzt überprüft, welchen Anteil Musiker am Kriegserfolg haben, um sie gegebenenfalls mit dem Hosenbandorden zu dekorieren?«

»Nein, absolut nicht«, wehrt der junge Mann ab. »Auf keinen Fall. Es ist eher mein Privatinteresse. Sergeant Smith würde Ihnen solche Fragen niemals stellen. Wissen Sie, ich kenne mich mit Musik nicht aus, ich weiß nur, dass man mit Musik Dinge sagen kann … oder zeigen … die sonst nicht zu sehen sind. Dass man Dinge hervorholen kann, die in den Menschen stecken oder in Situationen … Schlimme Dinge, unerwartete – vor allem aber schöne Dinge.« Jetzt ist er knallrot, der gute Phileas Brown.

»Soso«, brummt von Holst und sieht auf seine Fußspitzen. Staubbedeckt sind die Schuhe, knochenhart das Leder vom Marsch nach Thaxted. »Es ist sehr freundlich, was Sie da über meinen Beruf sagen, Konstabler. Geradezu schmeichelhaft. Wobei ich in dieser Hinsicht einen etwas nüchterneren Standpunkt einnehme, den Standpunkt des Handwerkers. Noten zu Papier bringen ist schließlich mein täglich Brot und manchmal ziemlich mühsam. Aber das tut Ihrem Blick auf die Sache keinen Abbruch. Gut, was wollte ich sagen? Sie fragten, ob der Krieg mich beim Komponieren beeinflusst. Glauben Sie mir, ich habe keine Ahnung. Dabei habe ich mich das schon oft gefragt, nicht nur in Bezug auf Kriegszeiten, sondern auf alles, was sich außerhalb von Tönen ereignet.

Beeinflusst mich das Wetter, das wir heute haben, beim Komponieren? Die Menschen, denen ich begegne, die Krankheit, die in mir steckt, oder die politische Weltlage, meine finanzielle Situation? Ja, ganz bestimmt beeinflusst mich das: mich, meine Gedanken, meine Gefühle, also auch meine Musik. Aber wie und in welchem Maße? Das ist nicht zu beantworten, fürchte ich.«

Konstabler Brown setzt zu einer Entgegnung an, verkneift sie sich jedoch, als er dem Blick seines Gastes begegnet. Er greift nach dem Krug, um sich ein weiteres Glas Wasser einzuschenken. Seine Nasenflügel zucken, und sie tun es immer noch, nachdem er das Glas in einem Zug geleert hat.

»Ich verstehe, Sir«, sagt er, »ich verstehe Sie sogar sehr gut. Aber irgendein Wetter gibt es jeden Tag, und jeden Tag treffen Sie die unterschiedlichsten Menschen. Ein Krieg dagegen ist etwas Außergewöhnliches, vor allem der jetzige, an dem sich fast ganz Europa beteiligt. Das können Sie doch nicht vergleichen.«

»Was außergewöhnlich ist, entscheidet jeder für sich selbst. Vielleicht hat die Person, der ich heute Morgen auf der Straße begegnet bin, mehr Bedeutung für mich als ein historischer Triumph der englischen Armee an der Marne.«

»Außerdem können Sie eine bewusste Entscheidung treffen, ob Sie sich musikalisch mit dem Krieg auseinandersetzen. Eine Krankheit ist einfach da, der sind Sie ausgeliefert, aber bei einem Krieg können Sie selbst entscheiden, ob Sie sich lieber seinen heroischen Seiten widmen oder den tragischen, ob Sie den Leuten durch Ihre Musik Mut machen wollen oder Trost spenden.«

»Für einen zünftigen Militärmarsch zur Hebung des Kampfeswillens werde ich mich jedenfalls nicht entscheiden«, sagt von Holst finster. »Ein derart zweckgebundenes Komponieren widerspricht meiner Natur, Konstabler.«

»Ach, vergessen Sie doch die Märsche.« Der junge Brown fährt sich heftig durch die rotblonde Lockenpracht. »Begreifen Sie denn nicht, was ich meine? Dieser Krieg ist nicht wie andere Kriege. Er ist so groß, so einschneidend. Vielleicht dauert er nur wenige Wochen, aber schon jetzt beteiligen sich mehr Mächte an ihm als beim Kampf gegen Napoleon. So etwas lässt niemanden kalt. Und ausgerechnet ein künstlerisch veranlagter Mensch wie Sie sollte diese Tatsache übergehen? Das … nein, das kann ich mir nicht vorstellen.«

»Ich verstehe, was Sie meinen. Und Sie haben natürlich recht mit Ihrer Frage. Aber mir fällt die Antwort ausgesprochen schwer. Bei Musik handelt es sich nun mal um keine simple Angelegenheit, auch wenn es einfach ist, ein paar Noten hinzuschreiben oder drei korrekte Akkorde hintereinander zu spielen. Das Problem ist die Verbindungslinie von einer bestimmten Sache, beispielsweise einem Krieg, zu den Tönen, die am Ende erklingen. Diese Linie ist so verworren, so versteckt, dass man nur in den seltensten Fällen sagen kann, ob die Verbindung tatsächlich besteht. Wenn ich mich heute hinsetze und das Kriegselend in Töne fasse, kann es durchaus sein, dass Sie, wenn Sie die Musik später einmal hören, damit bunte Blumenwiesen assoziieren oder einen Abend in der Kneipe, aber nicht Mord und Totschlag. Oder umgekehrt: Ich nehme mir vor, ein nettes kleines Stück über irgendeine heitere Begebenheit zu komponieren, und hinterher schreit das Publikum unisono, man hört bei jedem Ton, dass diese Musik in Kriegszeiten geschrieben wurde.«

»Meinen Sie? Das scheint mir ziemlich unwahrscheinlich.«

»Mir nicht. Passen Sie mal auf, Konstabler. Was meinen Sie, woran ich gerade sitze? Womit ich mich gestern den ganzen Tag beschäftigt habe, bei hellstem Sonnenschein?«

»Keine Ahnung.«

»An einem Orchesterstück über Mars.«

»Mars?«

»Ja, Mars, den Gott des Krieges.«

»Aber da haben wir es ja«, ruft Konstabler Brown und springt vor Erregung von seinem Stuhl. »Das meine ich doch die ganze Zeit, Sir!«

»Nein, Sie …«

»Warum sagen Sie das nicht gleich? Ich wusste doch, dass Sie nicht kalt lässt, was derzeit passiert. Ein Stück über den Kriegsgott! Ich habe es geahnt.«

»Nichts haben Sie«, wehrt von Holst kopfschüttelnd ab und beginnt zu lachen. »Mann, setzen Sie sich hin und lassen Sie mich ausreden.«

Trotzig, fast wütend bleibt Konstabler Phileas Brown vor dem Komponisten stehen, was dessen Heiterkeit noch verstärkt. Spitz sticht die Nase aus dem Gesicht des jungen Mannes hervor.

»Entschuldigen Sie, Konstabler, ich sollte nicht lachen, aber mir gefällt Ihre Begeisterung. Wirklich, sie ist mir sehr sympathisch. Trotzdem muss ich Ihnen einen Dämpfer verpassen. Setzen Sie sich bitte wieder hin, oder sollen wir beide im Stehen weiterreden?«

Widerstrebend leistet der Polizist Folge. Von Holst gießt sich Wasser nach und nimmt einen Schluck.

»Dass ich gerade Musik schreibe, die etwas mit dem Thema Krieg zu tun hat, ist, so leid es mir tut, purer Zufall. Ich habe das Stück schon im Mai begonnen, also lange vor Kriegsbeginn, vor dem Attentat von Sarajewo. Und die Pläne dafür reichen noch weiter zurück, die sind älter als ein Jahr. Gerade bei größeren Werken beschäftige ich mich lange mit Ideen, Entwürfen, Skizzen, bevor ich auch nur eine Note niederschreibe. Meine Komposition ist also keine Reaktion auf diesen Krieg, Konstabler.« Er schmunzelt leicht. »Eher umgekehrt.«

»Trotzdem«, sagt Konstabler Brown störrisch. »Der Krieg brach ja nicht aus heiterem Himmel über uns herein. Sie lesen doch auch die Zeitungen. Seit Monaten orakelt man, dass es wegen der Flottenpolitik Ärger mit den Deutschen geben wird. So etwas spielt eine Rolle, das geben Sie doch zu, oder?«

»Nein, da muss ich Sie enttäuschen, Konstabler. Ich schreibe dieses Stück über Mars nicht, um dem Krieg ein Denkmal zu setzen, sondern weil Mars einer von sieben Planeten ist. Ich habe eine ganze Folge von Planetenkompositionen geplant, und Mars wird wohl das Eröffnungsstück sein.«

»Planeten?«

»Ja. Mir ist die Sache etwas peinlich. Jeder Mensch hat sein geheimes Laster, und meines ist die Astrologie. Ich bin vernarrt in Horoskope. Eine Grundidee dabei ist, dass jeder von uns seit seiner Geburt unter dem Einfluss von Planeten steht, die seinen Charakter prägen. Mars ist für die Choleriker verantwortlich, Saturn verleiht Weisheit, Venus steht für Liebesfähigkeit und so weiter. Natürlich ist das Unsinn, gleichzeitig aber auch sehr reizvoll. Und irgendwann dachte ich mir, ich könnte aus meinem Laster eine Tugend machen und all diese Charaktereigenschaften in Musik verwandeln. Zu einer Folge von Planetenporträts, wenn Sie so wollen.«

Der junge Mann hört schweigend zu. Seinem Gesichtsausdruck ist nicht abzulesen, was er denkt.

»Mit Mars habe ich begonnen, weil seine Eigenschaften zu den griffigsten gehören. Sie sind recht leicht in Musik umzusetzen. Natürlich können Sie nun behaupten, die politischen Umstände der letzten Jahre, das Wettrüsten, die nationalen Spannungen, der Kriegstaumel, all das hätte meine Arbeit an dem Projekt beeinflusst. Das will ich nicht ausschließen, es ist sogar wahrscheinlich. Aber nachzuweisen, zu benennen ist dieser Einfluss nicht.«

»Vielleicht doch.«

Lächelnd leert von Holst sein Glas.

»Schreiben Sie diese Planetenstücke zu Ende? Ich meine, jetzt, in Kriegszeiten?«

»Durchaus. Es kommt oft vor, dass ich an mehreren Kompositionen gleichzeitig sitze. Auf die Gefahr hin, Sie vollständig zu verwirren, muss ich Ihnen sagen, dass ich bereits mit den Entwürfen zu einem zweiten Planetenstück begonnen habe: Venus, Göttin der Liebe.«

Konstabler Brown schüttelt den Kopf. »Das verwirrt mich nicht. Vielleicht ist das auch eine Art, auf den Krieg zu reagieren. Indem man sich einer Sache widmet, die derzeit zu kurz kommt.«

»Ja, möglich. Für mich hat es eher mit kompositorischer Logik zu tun: Nachdem ich Mars konzipiert habe, entwerfe ich das musikalische Gegenstück, Venus, um die restlichen Stücke zwischen diesen Extremen anzusiedeln. Aber damit berühren wir ästhetische Fragen, mit denen ich Sie nicht langweilen möchte.«

»Ich habe das sehr wohl verstanden, Sir.«

»Entschuldigen Sie.«

Ja, der Junge hat es verstanden, es ist seiner trotzigen Haltung anzusehen. Man darf diese Leute vom Land nicht unterschätzen; wenn sie sich an einem Thema festgebissen haben, lassen sie so schnell nicht wieder locker. Dennoch fragt sich der Komponist, woher das Interesse des Konstablers rührt. Wieso macht sich ein dem Jugendalter eben Entwachsener so viele Gedanken über Musik? Über eine derart ungreifbare, abstrakte Angelegenheit? Nun, ganz einfach: weil sie für ihn keine abstrakte Sache ist, sondern etwas sehr Konkretes. Etwas, das ihn gepackt hat, beschäftigt, mitgenommen. So gesehen ist es fast beschämend, die Musik nur vom handwerklichen Standpunkt aus zu beschreiben. Aus professioneller Distanz, mit der Nüchternheit dessen, der von ihr lebt. Manchmal täte ein wenig amateurhafte Naivität gut.

»Etwas anderes, Konstabler. Sie fragten mich vorhin nach meinem Beitrag zum Krieg gegen das Deutsche Reich. Nach einem patriotischen Beitrag. In gewisser Weise leiste ich den sogar, allerdings unabhängig von militärischen Siegen und politischen Überlegungen.«

»Und der wäre?«

»Seit letztem Winter stehe ich in engem Kontakt mit Conrad Noel.«

»Mit unserem Vikar?«

»Ja. Wir haben uns gleich bei der ersten Begegnung über unser gemeinsames Interesse an englischer Volksmusik verständigt und arbeiten seither zusammen. Er bringt mir Material, gräbt immer wieder musikalische Schätze aus, und ich richte das Zeug für Aufführungen ein. Wir planen auch eine Veröffentlichung. Lieder, Tänze, geistliche Gesänge – alles, was uns über den Weg läuft. Wunderbare Sachen sind dabei.«

»Ich verstehe.«

»Was halten Sie davon? Würden Sie das einen patriotischen Beitrag nennen?«

Der Konstabler kratzt sich am Kinn. Die unterschiedlichsten Gedanken schwirren durch seinen Kopf. Der Vikar von Thaxted, ausgerechnet ... englische Volkslieder, vom Kirchenchor dargeboten ... das Frühlingsfest ... dieser Komponist aus London ...

»Ja«, sagt er schließlich, »ich denke schon. Sie interessieren sich also ...«

»Es ist sehr einfache, aber auf ihre Weise perfekte Musik. Ich will, dass sie lebendig bleibt. Wobei dies für deutsche, französische oder andere Volksmusik ebenso gilt wie für englische.«

»Und darauf kamen Sie durch unseren Vikar?«

»Conrad Noel ist ein hochgebildeter Mann.«

»Schon. Es ist nur ... Er hat ziemlich extreme politische Ansichten.«

»Nun, sie sind nicht gerade stromlinienförmig. Ich glaube, man verübelt ihm vor allem, dass er sich als Geistlicher überhaupt eine politische Einstellung leistet. Und dass er sie gerne kundtut. Trotzdem ist er einer der konservativsten Menschen, denen ich je begegnet bin: Er bewahrt Volksgut.«

»Sergeant Smith hat mich vor ihm ... Sehen Sie, er ist schon öfter mit ihm aneinandergeraten.«

»Verständlich. Wäre ich Vertreter des Staates, würde es mir kaum anders ergehen. Aber Sie wissen, dass Conrads Vater ein angesehener Dichter ist?«

»Ja.«

»Nehmen Sie diese Tatsache plus Conrads sozialistische Einstellung, und schon haben Sie eine Erklärung für sein lebendiges Interesse an Volkskunst. Übrigens würde ich sofort unterschreiben, dass diese Musik mich künstlerisch beeinflusst. Eines meiner Planetenstücke wird ganz bestimmt altenglische Luft atmen.«

»Welches?«

»Jupiter. Aber fragen Sie mich nicht, wie. Über Entwürfe bin ich noch nicht hinaus.«

Unvermittelt steht der Konstabler auf. Er zieht seine Uniformjacke stramm, macht ein paar rasche Schritte durch den Raum, bis er vor dem Foto der Indefatigable steht, und pustet ein Stäubchen vom Rahmen des Bildes. Seine Zunge wandert von einem Mundwinkel zum andern.

»Sagen Sie …« Er räuspert sich. »Sie arbeiten schon seit letztem Winter mit dem Vikar zusammen?«

»Ja.«

»Im Frühling hatte der Kirchenchor von Thaxted einen Auftritt in Finchingfield. Waren da Sachen von Ihnen dabei?«

»Arrangements, meinen Sie? Ich weiß es nicht. Möglich.«

Der Konstabler nickt und geht langsam zum Schreibtisch zurück.

»Hat Ihnen die Musik gefallen?«

»Naja, schon.«

»Wenn, dann hatte ich sicher den geringsten Anteil daran. Diese Volksweisen sind an sich schön, ob ich sie nun vierstimmig setze oder eine Klavierbegleitung dazuerfinde.«

»Haben Sie den Chor einmal geleitet?«

»Nur in Proben. Aber demnächst werde ich wohl öfter mit ihm arbeiten. Conrad und ich möchten zu Pfingsten ein kleines Musikfest auf die Beine stellen. Mit Unterstützung durch meine Londoner Schülerinnen. Ein Wochenende lang Konzerte von morgens bis abends.«

»Hier in Thaxted?«

»Ja. Möchten Sie nicht in den Chor eintreten, bei Ihrem Interesse an Musik? Wenn Sie nicht singen können, lernen Sie es, und wenn Sie es können, umso besser.«

Die Gesichtsfarbe des Konstablers wechselt von Rot zu Weiß. Er greift nach dem Bleistift, als könne der ihm Halt geben. Einmal, zweimal bewegt sich sein länglich auslaufender Unterkiefer zur Seite und wieder zurück, wie das Mahlwerk einer Kuh.

»Ja«, sagt Konstabler Phileas Brown. »Mal sehen.«

Mal sehen … Innerlich schüttet sich der Komponist aus vor Lachen. Was der junge Mann wohl erlebt hat, dass ihn die Erwähnung eines Provinzchors so aus der Fassung bringt? Vielleicht träumt er ja von einer Zukunft als Opernsänger und lässt bei Vollmond seine Stimme in den Steinbrüchen von Essex erschallen?

»Wann kann man Ihr neues Stück hören?«, fragt der Konstabler, abrupt das Thema wechselnd.

»Meine Planetensuite? Sobald sie fertig ist, hoffe ich. Bisher habe ich mich noch nicht darum gekümmert. Da sie siebenteilig angelegt ist, werde ich wohl einige Monate brauchen. Alleine diese zwanzigstimmige Partitur zu schreiben, dauert seine Zeit.«

»Zwanzig Stimmen?«

»Mindestens. Es wird vermutlich mein bisher umfangreichstes Stück werden.«

»Wird es den Leuten gefallen?«

»Wenn man das wüsste. Im Moment zweifle ich daran.

Es fällt mir schwer zu glauben, dass Musik, die Astrologie und Planeten zum Thema hat, das Publikum interessiert. Vor allem nicht in diesen Tagen. Gut möglich, dass das Stück einmal gespielt wird und dann in der Versenkung verschwindet. Aber das kümmert mich nicht. Ich möchte diese Suite jetzt komponieren, ich muss es sogar, und wenn sie mir gefällt, reicht mir das.«

»Aber schöner wäre es schon, wenn Sie nicht der Einzige wären.«

»Sicher.«

»Sagen Sie, Sir ... Darf ich Sergeant Smith erzählen, dass Sie an einem Stück über den Kriegsgott Mars sitzen?«

Von Holst lacht. »Natürlich dürfen Sie. Es ist ja kein Geheimnis. Und wenn es meinem zweifelhaften Ruf im Verteidigungsministerium oder wo auch immer nützt, dürfen Sie es sogar in Ihrem Protokoll verwenden.«

»Wie klingt denn Mars?«

»Wie er klingt?« Erneut lacht der Komponist. »Gute Frage. Zur Einstimmung auf die Schlacht würde ich ihn den Soldaten nicht gerade vorspielen. Aber von welcher Musik kann man das schon sagen?«

Geräusche an der Haustür lassen beide aufhorchen. Ein Schlüssel dreht sich rappelnd im Schloss, die Tür wird mit einem Knarren geöffnet.

»Sergeant Smith«, erklärt der Konstabler. »Endlich.«

Wenn es tatsächlich der Sergeant ist, scheint er Schwierigkeiten zu haben, den Weg durch die Diele zu finden. Es rumpelt gewaltig, etwas Metallenes fällt zu Boden, jemand schnauft und hustet. Dann erzittert die Wand von einem derart wuchtigen Stoß, dass die Schlachtkreuzer der britischen Marine ins Schlingern geraten. Von Holst blickt den Konstabler fragend an, der jedoch schweigt. Gleichzeitig beginnt in der Diele ein stetiges Kratzen und Schaben, unterbrochen nur von einem gelegentlichen Kichern: so, als kröche jemand schwerfällig, aber gutgelaunt über den Boden.

Der Konstabler räuspert sich leise und klappt das vor ihm liegende Protokollheft langsam zu. Aus der Ferne ist wieder das Schlagen der Uhr zu hören.

»Ich denke«, sagt der Konstabler, ohne die Miene zu verziehen, »ich denke, Sergeant Smith wird auf eine eingehendere Unterhaltung mit Ihnen verzichten, Mr. von Holst.«

In der Diele wird ein Liedchen angestimmt:
Tomorrow shall be my dancing day,
I would that my true love did so chance
To see the legend of my play,
To call my true love to the dance,
Sing oh my love,
Oh my love, my love, my love …
»Sehen Sie«, sagt Gustav von Holst, »man lernt nie aus. Ich werde den Vikar fragen, ob er dieses Lied kennt.«

Später, die Sonne steht mittäglich hoch am Himmel über North Essex, schreitet der Komponist die Straße von Thaxted nach Monk Street bergan, das schüttere Haar steht voller Schweiß, das Gesicht glänzt rot vor Anstrengung. Kein Wind mehr, der den Staub hinwegfegt, drückende Schleier am Horizont. Ein Automobil nähert sich dem Wanderer, hält neben ihm an, der Fahrer beugt sich aus dem Fenster. Von Holst nickt erleichtert und steigt ein.

Die Fahrt durch das gewaltige Gerstenfeld dauert nur wenige Sekunden. Die Ähren stehen regungslos.

Nelson, Kruschke und ich

Wer dabei war, wird den Anblick nie vergessen. Möge er Zeugnis ablegen und Gott für seine Unversehrtheit danken! Schaut auf die Orient, ihr Menschen: wie das Feuer aus ihren Eingeweiden quillt, wie sich berstend dem Meer hingibt. Dröhnen euch die Ohren noch von der Explosion? Selbst in Alexandria, fünfzehn Meilen entfernt, schläft keine Seele mehr. Morgen wird die Welt vom Schicksal dieses Schiffes erfahren, von der gewaltigen Feuerblüte, in der sie versank und mit ihr 120 geschmolzene Kanonen, drei Tonnen flüssiges Silber, das Tor der Kathedrale von La Valetta, der Schatz des Malteser Ritterordens sowie die französische Seeherrschaft. Morgen. Übermorgen aber wird der Prater erblühen, wird die Wiener Nacht unter den bewährten Händen des Pyrotechnikers Stuwer im Glanz von Nelsons Triumph aufleuchten. All seine Kräfte hat Stuwer der Ältere aufgeboten, um durch vereinigte Kunst, Pracht und Neuheit sich den Beifall des Publikums zu erwerben. Wie damals, als die dünne Wasserhaut des Neusiedler Sees durch die Herrlichkeit des Fürsten Esterházy in ein prächtiges Schlachtfeld überführt wurde. Zwanzig Schock geladene Gäste, darunter S.K.H. Erzherzog Joseph: Das ist 1200-facher Jubel über die Flotte des Fürsten, welche zum Sturm auf die künstliche Seefestung ansetzt. Hurra- und Bravorufe allenthalben, ein brausender Chor des Entzückens. Vor Abukir hingegen flüstern die Sieger. Starren schaudernd auf das dunkle Totenhemd, das der Ozean dem feindlichen Admiralsschiff anlegt, erteilen wispernd den Befehl: jegliche Freudenbekundung bei Strafe untersagt. Albions Iris schmerzt ob des gleißenden Todes der Orient. Im Hintergrund, ganz nach der Natur gezeichnet, ist Ägyptens Küste zu sehen und an derselben Vater Nil nebst einigen Gebirgen. Lord Nelson wird auf den Prospekt getragen, am Kopf verwundet, Blutströme über dem gesunden wie dem toten Auge. Die Schlacht dauert mit der größten Heftigkeit fort, bis endlich der Sieg von Britanniens Flotte feststeht. Über selbiger steigt nun Fama empor, um der ganzen Welt von diesem höchst merkwürdigen Sieg zu künden. Anderntags aber begibt sich die Festgesellschaft, von Bällen und Jagden so erschöpft wie angeregt, ins fürstliche Palais zu Eisenstadt, wo künstliche Veränderungen auf das beliebte *Gott! erhalte unsern Kaiser* aus der Feder des berühmten Kapellmeisters Haydn allen zum Genusse dargebracht werden.

*

Wer hätte also geglaubt, dass dieses stille Leben im Lärm der Schlachten enden muss?

Gewiss, die Zeiten haben sich verschlechtert, die Zeiten haben sich verfinstert, seit Fürst Nikolaus drei Pferde unter dem Leib weggeschossen wurden, drei der besten Pferde, seit der Fürst für seine Tapferkeit zum General ernannt ward. Längst hat das Volk die Zügel ergriffen, das *Volck*, der dritte Stand, hat den Aufruhr nach Paris getragen, nach Österreich, in die ganze liebe Welt hinaus. Der Comte d'Ogny ist im Blut der Straßen ersoffen, erschlagen haben sie den Verehrer unserer Musik. Geköpft haben sie Maria Antonia, die Tochter Maria Theresias, der Frommen, geköpft haben sie ihren leiblichen Gatten, den sechzehnten Ludwig, nach langer Kerkerhaft. Und nun brüllen sie zum Sturm auf die Stadt, mit ihren Kanonen, ihren Kartätschen, in aller Früh rücken des kleinen Kaisers Truppen auf die Maria Hilfer Linie vor, ohrenbetäubend ist der Lärm vor Gumpendorf, alle Welt auf den Beinen, mutlos, verzweifelt, und da krachen die Salven, viermal hintereinander, dass sich unsere Fenster schütteln vor Grauen und die Tür zum Schlafzimmer aufspringt als beim Erscheinen des Heiligen Geistes. Die eine der Kugeln aber fällt in unseren Hof, ein hässlicher Gruß aus Paris an den Herrn Papa.

Ja, wenn der Lord Admiral noch unter uns weilte! Sir Horatio, der vor Calvi ein Auge verlor, vor Teneriffa den Arm und in der Schlacht von Trafalgar sein Leben. Nach Gottes Ratschluss der Einzige, der es an Tollkühnheit mit dem Korsen aufnahm.

Dem Papa beim Aufsetzen helfen. Beine über die Bettkante, Füße fest auf den Boden. Sich neben ihn aufs Bett setzen. Einen Arm des Papa über die eigene Schulter gelegt, ihn um den Rücken fassen und hochstemmen. Wenn es allein nicht gelingt, muss die Nannerl ran. Wie schwach ist der Papa geworden, wie dünn seine Arme! Der Appetit noch gut, aber der Lärm draußen, das Rufen, die Verwirrung! Das Knirschen der Glasscherben unter jedem Tritt. Wie ihn das mitnimmt, den alten Mann. Begreifen? Wer soll ihm das begreiflich machen: dass dieselben, welche nach seiner Musik gehungert haben, nun sein Gumpendorfer Haus beschießen? Dass der Krieg seine Ersparnisse frisst, dass er wie sein seliger Bruder Michael arm durch den Krieg wird?

Nein, die Sprache der Schlachten verstehet man nirgends durch die ganze Welt.

Noch ein Schrittchen, Papa, noch eins, bittschön. Nur bis zum Tisch. Der Kreislauf muss in Gang kommen. Gleich ist es geschafft. Die Nannerl hilft. Nein, wir machen uns keine Sorgen. Wo ein Haydn ist, kann uns nichts geschehen. Nannerl, hör auf zu weinen. Freu dich lieber auf die Musik, die uns der Papa nach dem Essen spielen wird. Das Kaiserlied, genau. An dem können wir uns nicht satt hören. Niemals.

*

Blauberockt regiert der Franzos die Stadt. Gesiegt hat der kleine Kaiser, der Zermalmer des Abendlands. Seine Ehrengarde steht in der Steingasse und bewacht das Sterbehaus des Komponisten. Was man davon halten soll? Angeblich schätzt Napoleon Haydns Musik, aber wer tut das nicht? Sicher, er war zugegen, als die »Schöpfung« in Paris zum erstenmal gegeben wurde, am Weihnachtstag des Jahres 1800, der kein Weihnachtstag mehr ist, sondern der 3. Nivôse. Ist das der Grund, Sieger von Abenberg, Geschlagener in Aspern? Deshalb die Ehrengarde? Besser, Ihr hättet diesen Krieg beendet. Besser, Ihr hättet das Land verschont.

Haydn legt die Hände übereinander. Es sind die Hände eines Greises, faltig und blass, voller Altersflecken. Keine Kraft mehr darin, nicht die geringste. Die Nannerl muss die Nägel schneiden. Es ist Mai. Bald werden diese Hände ein letztes Mal vor der Brust gefaltet, von einer anderen Hand, für ein anderes Leben. Bis dahin: täglich das Kaiserlied auf dem Klavier, das *Volcks Lied* ex G, zweimal, dreimal. Piano sempre, dass es die Ehrengarde unten in der Gasse nicht hört.

Besuch für Haydn.

Wer ist das, Johann?

Ich weiß nicht. Ein Franzos.

Ein Soldat?

Ja. Offizier der Kavallerie. Er sagt, er will zu Haydn.

Lass ihn nicht herein!, schreit der alte Mann. Ich bin unpässlich, sag ihm das. Kein Militär in meinem Haus! Keine Soldaten!

Ich wills versuchen.

Häng die Bilder ab, Nannerl, schnell, die Bilder. Und häng ein Tuch über den Vogelbauer!

Welche Bilder?

Die beiden da. Das Schlachtbild und das Porträt. So beeil dich doch!

Aber schon sind Schritte auf der Treppe zu hören. Ein Soldat lässt sich nicht aufhalten, erst recht kein siegreicher Franzose. Der alte Mann bekommt einen Hustenanfall. Hilfesuchend schaut er zu seinem Klavier hinüber. Die Nannerl eilt mit dem Bild der Seeschlacht von Abukir ins Schlafzimmer. Vor der Tür steht der Soldat, stößt sie langsam auf …

*

… und herein tritt, mit Trippelschritten, ein buckliges Männchen, das Kinn gespalten, im Gesicht ein sardonisches Grinsen, den rechten Arm auf dem Rücken, so recht verborgen in den flatternden Schößen eines Fracks, aus dessen Kragen die rötlichen Flechten einer Hautkrankheit über den kahlen Schädel züngeln. Große Geste des linken Arms, die Größe des Ereignisses beschwörend: Musik, verehrte Anwesende, Musik in diesen Tagen! Das ist die Antwort der Kultur auf das Wüten der Barbarei, und wie zur Bekräftigung fällt dem Sprecher ferner Geschützdonner in die Rede, der über die Puszta hallt. Hier in diesem Saale, meine Herren, wo einst der große Haydn! Seine Hand kreist: kreist durch den Musiksaal im ersten Stock des Schlosses Eszterháza, südlich des Neusiedler Sees, über den spiegelnden Marmor, über die acht vergoldeten Wandleuchter mit jeweils acht flackernden Kerzen, kreist um das Publikum, schließt es ein in die Musik, die hier ihre Geburtsstunde erlebt hat, die bewundert, beklatscht, verehrt worden ist. Klatschen auch Sie, verehrte Anwesende, übertönen Sie das Gebell des Bolschewismus, der zurückgedrängt werden wird in die Tiefe Mongoliens und des Sibirenlandes, wie unser Führer es vorausgesagt hat. In diesen Tagen! Musik! Heilhitler.

Unter dem Beifall des Publikums zieht sich der Bucklige zurück, macht Platz für vier ernste Herren, für die Essenz, das Beste, was die Gauhauptstadt Wien an Kammermusikern zu bieten hat. Stille. Das Zurechtrücken der vier Stühle, das Heranziehen der Notenständer. Kurzes Nachstimmen. Ein Achtelauftakt, aus der Schulter des Primarius gegeben. Mozartsche Charmeoffensive im Jagdton. B-Dur, eingeschmolzen in die Salven des Kriegs.

Bleich sieht er aus, der Professor Schneiderhan.

Vielleicht wegen seiner Schwester, die einen Juden geheiratet hat und konvertiert ist.

Immerhin, den Parteiausweis hat er.

Auch Bratsche und Cello sind mit Judenbrut verehelicht. Der Morawec, der Krotschak.

Soso, da schau her, Respekt. Der Geschützdonner wird schwächer. Oder die Musik stärker. Von letzterer verstehen die Zuhörer wenig, vom Krieg umso mehr. Er hat Narben in ihrer Haut hinterlassen und unter der Haut, er hält sie fest in seinen Krallen wie der Adler das Hakenkreuz auf ihren Uniformen. Gut sitzende Mützen verhindern die Flucht der Gedanken. Wohin auch sollten sie flüchten? Die Grenzen sind dicht, das Reich abgeriegelt.

Ein Quartett ist kein Passierschein. Nicht für die Männer der Heeresgruppe Süd.

Von Schubert nur ein Satz. Der berühmte, dessen Titel aus Schulbüchern bekannt ist. Der Tod trifft das Mädchen. Der Tod trifft die Soldaten, die Soldaten treffen Mädchen. Ein Schmunzeln läuft durch die Reihen der Heeresgruppe Süd. So angenehm möchte man wohl sterben! Weich auf Saiten gebettet, ein Kavalierstod, den kein russischer Heckenschütze stört, keine Granate der Untermenschen.

Der Satz ist zu lang. Geht Sterben nicht kürzer?

Später, die vier Professoren aus Wien ziehen sich für einen Moment zurück, hat das Männchen mit der Hautkrankheit seinen zweiten Auftritt, trippelt nach vorne, von den eigenen Frackschößen verfolgt. Wild spielt das in Aufruhr geratene Licht der Kerzen auf den grinsenden Zügen des Buckligen. Da werden die Backen aufgeblasen, die Lippen gespitzt: Begrüßen Sie mit mir einen ganz besonderen Gast! Begrüßen Sie in unserer Mitte einen direkten Nachkommen des Komponisten Haydn, des Unvergessenen. Einen leibhaftigen Urururenkel. Vergleichen Sie sein Gesicht mit dem Porträt an der Wand, und die Ähnlichkeit wird frappieren. Diese Nase! Das Kinn, der Blick des wahren Künstlers! Gestatten Sie vorzustellen: SS-Hauptscharführer Kruschke. Frisch von der Front herbeigeeilt, um das berühmte Quartett seines Vorfahren zu hören: das Kaiserquartett.

In der ersten Reihe erhebt sich ein rotgesichtiger Mann, verlegen nach allen Seiten grüßend. Freut mich, Kameraden. Nicht doch. Zu viel der Ehre, danke.

Das Kaiserquartett. Mit der Hymne der Deutschen, die dem Horst-Wessel-Lied treue Gefolgschaft leistet. Zum Wohl des Vaterlandes.

*

Der alte Mann sitzt im ersten Stock am Fenster und sieht dem Offizier nach, dem ungebetenen Gast mit dem türkisch klingenden Namen. Wie war das noch: Suleiman? Sulimei? Er ist ihm schon wieder entfallen. Ein Husarenoffizier. Woher er kam, sagte er nicht. Ein Bauer aus Lothringen vielleicht, ein Weinhändler aus Burgund, ein Fischer aus der Provence. Wie zerbrechlich muss man neben so einem wirken, wenn man auf die Achtzig zugeht. *Hin ist alle meine Kraft, alt und schwach bin ich.* Das hätten sie gemeinsam singen können, zweistimmig.

Hinter ihm räuspert sich Johann. Die Schlacht von Abukir hängt wieder an ihrem Platz.

Danke.

Aber das Organ dieses Franzosen! Eine helle, geschmeidige Tenorstimme, ungeübt, ja, aber so sanft, so unsoldatisch weich. Was für eine Wohltat, nach dem Geschützfeuer der letzten Wochen die eigenen Töne zu hören, beinahe die Töne einer untergegangen Welt. Und dazu die Worte van Swietens, freilich in Carpanis italienischer Übersetzung, die aus französischem Munde doppelt lustig klingt.

Da setzt sich dieser Mann umstandslos an den Flügel, macht gleich eine Bemerkung über den Hersteller: Erard, Paris, es erfüllt ihn natürlich mit Stolz, bei Haydn ein solches Instrument anzutreffen. Das Nelson-Bildnis an der Wand übersieht er geflissentlich. Und schon legt er los:

Mit Würd' und Hoheit angethan,
Mit Schönheit, Stärk' und Muth begabt,
Gen Himmel aufgerichtet, steht
Der Mensch,
Ein Mann, und König der Natur.

Die »Schöpfung«, ruft er, sich umwendend, ich kenne jede Note, nicht nur die der Tenorarien. Und fährt fort, unaufhaltsam, in ordentlichem Deutsch: Wenn Sie wüssten, Monsieur, wie man in Frankreich über dieses Oratorium spricht, es ist Ihr Meisterwerk, ganz ohne Zweifel, jedermann liebt es, auch unser Kaiser.

Ja, lacht der Alte, vielleicht liebt er das Stück. Aber er hat mein Haus beschießen lassen.

Der Offizier springt auf: Monsieur! Napoleon hätte diese Liebe fast mit dem Leben bezahlt. Kennen Sie seine Geschichte? Die Geschichte vom Attentat in der Rue Saint-Nicaise? Nein? Stellen Sie sich einen nebligen Winterabend in Paris vor, die Kälte dringt durch alle Ritzen, auf der Straße wärmt man sich an offenen Feuern. Da hetzt eine Droschke durch die Rue Saint-Nicaise, darin der Erste Konsul, Schwester und Gemahlin folgen. Man ist spät dran, zu spät für die Premiere im großen Opernhaus, für Joseph Haydns »Schöpfung«. Peitschenhiebe fallen auf die Pferderücken, links und rechts springen die Menschen zur Seite. Plötzlich ein Hindernis. Da steht ein Karren im Weg, darauf ein Fass, wo kommt das her, wer hat es abgestellt? Royalisten natürlich, Anhänger des alten Systems! Den Kutscher kümmert es nicht, er hat die Kälte mit Schnaps bekämpft, prügelt sein Gespann um das Hindernis herum, die Achsen knarren, Funken schlagen, schon sind sie vorbei. Und dann, Monsieur: das Grauen. Im Rücken der Entourage explodiert eine Höllenmaschine. Das Royalistenfass, mit Schwarzpulver gefüllt. Blei fliegt durch die Luft, zerstückelt die Passanten, reißt ihnen die Glieder ab, Dutzende wälzen sich in ihrem Blut. Die Detonation ist noch im großen Opernhaus zu hören, da von Ihrer Ouvertüre eben zwanzig Takte gespielt sind. Verstehen Sie: drinnen das Chaos der Schöpfung, draußen das Chaos des Lebens.

Und Napoleon?

Die Scheiben seiner Droschke barsten. Er selbst ließ sich nichts anmerken. Aber die Mienen der Damen, als sie ihre Loge betraten! Ihre Gewissheit, dem Tod ins Auge geblickt zu haben! So etwas vergisst man nicht, Monsieur.

*

Haydn hatte Nachkommen? Ich gebe zu, das war mir unbekannt.

Ja, geben Sie nur zu, Herr Kammervirtuose. Die Unwissenheit steht Ihnen ausgezeichnet. Unter dem Gelächter der Umstehenden hakt sich SS-Hauptscharführer Kruschke unter. Genügt seine Jovialität nicht als Antwort? Das Licht der untergehenden Februarsonne fällt durch die hohen Fenster des Festsaales, der an den Musiksaal angrenzt. Violett schimmert der Geigenfleck am Hals des bleichen Professors.

Das heißt, Sie sind tatsächlich …?

Aber, lieber Schneiderhan! Nie gehört von Luigia Polzelli, der Sängerin aus Italien, welche das kühle Komponistenherz erwärmte? Nie Haydns Briefe gelesen, die schmachtenden, begehrenden, und dann die freudigen, als Luigias Mann das Zeitliche segnete? *Vielleicht, vielleicht wird noch die Zeit kommen, die wir uns so oft herbeigesehnt haben …* Mit der alten Xanthippe zuhause war ja kein Staat und kein Sohn zu machen, umso mehr mit der Welschen! Antonio Polzelli, das Kuckuckskind, von dem keiner wissen durfte, aber jeder wusste. Geboren 1783, hier im Schlosse. Sehen Sie, so einfach ist das. Alles bekannt und beurkundet. Antonio wiederum zwei Töchter, beide Richtung Ungarn, dann ein Zweig der Familie, der sich nach Preußen verästelt, Berlin, es wird geheiratet, gezeugt, und so, am Ende: Kruschke, Gottlieb. Klingt nicht eben nach Musik, der Name, aber musikalisch sind sie alle, die Kruschkes, passiv musikalisch, wenn Sie verstehen, was ich meine. Und der Hauptscharführer erzählt von Polen, der Ukraine, wo er die Arbeitseinsätze der Lemberger Juden koordinierte, zwei geschlagene Jahre lang. Keine Aufgabe für Helden, sondern Gewurschtel den ganzen Tag, Auseinandersetzungen, Dienst für das Vaterland eben. Wie ihm da, fern der Heimat, das Herz aufging, wenn das Radio musizierte. *Hörst du mein heimliches Rufen.* Sinnliche Musik, Musik für alle Sinne. Wie er überhaupt ein sinnlicher Mensch ist. Steckt halt doch drin in einem. Das Haydnsche. Das Welsche. Preußen aber auch, sonst hätte er nie in dem Einsatzkommando reüssieren können.

Allgemeine Zustimmung ringsum. Gefühl und Disziplin, das sind die Summanden für das Resultat, welches da lautet: Deutschtum. Das Gegensätzliche, schicksalsbehaftet. Unter diesen Uniformen wohnen große Seelen. Die Heimat stets im Herzen. Wie der Führer sprach: An Tiefe der Empfindung kommt keiner dem Deutschen gleich. Lebhafte Diskussion.

Und SS-Hauptscharführer Kruschke gedenkt seines Trudchens, gedenkt der Briefe, die er ihr schrieb, der Verrenkungen, die er anstellte, um sie zu sich nach Lemberg zu holen. Jeden Abend hätte er eine Jüdin haben können oder ein Ukrainermädel, aber was macht der verrückte Kruschke? Setzt sich um Mitternacht hin und schmachtet nach seiner Trude. Brieflich.

*

Der alte Mann am Fenster, in den Händen eine schwere Goldmedaille. Die Vorderseite zeigt ihn selbst: so, wie er der Nachwelt in Erinnerung bleiben soll. Der Blick jugendlich fest. Keine Spur von Blatternarben. Die übergroße Nase zurechtmodelliert, der kahle Schädel unter einer Perücke verborgen. Auf der Rückseite eine Leier mit Sternenkranz. *Hommage à Haydn, par les musiciens qui ont exécuté l'oratorio de La Création du Monde.*

Der Medaille lag ein Brief bei. Unterschrieben von hundert der berühmtesten Musiker Frankreichs. Er wollte dem Offizier, diesem Soliman, davon erzählen, wollte ihm unbedingt die Medaille zeigen, aber der Kerl sprach so rasch, zu rasch für einen alten Mann. Jetzt fallen sie ihm wieder ein, die Sätze, die er seinen Verehrern geantwortet hat: *Ihre Güte berechtigt mich zu glauben, dass ich nicht ganz sterben werde.* Die »Schöpfung« sollte sein letztes großes Werk sein, er ging ja bereits auf die Siebzig zu. Und weiter: *Sie haben meine grauen Haare gekrönt und den Rand meines Grabes mit Blumen bestreut.* Wer hätte damals gedacht, dass sein Grab acht Jahre später immer noch leer stehen würde? Dass immer noch Krieg herrschen und die Franzosen ihm immer noch huldigen würden: die Feinde Österreichs.

Krieg ist das eine, hört er den Offizier sagen, Musik etwas anderes. Und sie sprechen über die Schlacht von Hohenlinden, in deren Folge Salzburg fiel, das war ebenfalls vor acht Jahren. Als sein Oratorium in Wien aufgeführt wurde, zum Besten der verwundeten Soldaten. Und ein paar Tage später, gleichsam als Echo, erklang es auch in Salzburg, geleitet von seinem verstorbenen Bruder Michael. *La Création du Monde.* Auf Geheiß der Besatzer, in der Sprache der Besatzer.

Ja, wenn der Krieg nicht ausgebrochen wäre, hätte er vielleicht sogar eine Sinfonie à la française geschrieben. Eine Nationalsinfonie, mit den bekanntesten Melodien des Landes. Der Verleger Sieber stand schon bereit. Da begann die Revolution, und es wurde nichts daraus. Stattdessen ging er nach England. Hörte die Meldungen aus Paris, las Zeitungen, sah die erbeuteten Kriegsschiffe im Hafen von Portsmouth. Wurde in Oxford zum Ehrendoktor ernannt. Und schrieb viele englische Lieder.

Er dreht sich um. Sucht den Blick des Admirals über dem Flügel. *The Battle of the Nile*, erinnert Ihr Euch, Mylord? Lady Hamilton sang, ich begleitete, und ich war erstaunt über die klare Stimme Eurer Geliebten. Es muss bei meinem letzten Besuch in Esterháza gewesen sein. Ich werde das Schloss nie wiedersehen. Mein Opernhaus, mein Marionettentheater – nie wieder.

Er räuspert sich. Johann!

Bittschön?

Sei so gut, bring mir ein Schnupftuch.

Weiß ist es, aus reiner ostindischer Seide. Haydns Initialen sind darin eingestickt. Das Honorar für die Druckausgabe seiner Messen.

Ein J, ein H. Eine Medaille und Partituren für spätere Generationen. *Nicht ganz sterben*: Ist es das?

*

Aus dem Tagebuch Kruschkes:

Wenn ich nur erst von meiner Trude Post hätte. Tagsüber, wenn ich in der Arbeit vergraben bin, geht es ja, aber in der Nacht, das Alleinsein und die Untätigkeit, es ist glatt zum Verzweifeln. Gute Nacht Trudchen und denke etwas an deinen Gottlieb.

Um 6 Uhr früh werde ich plötzlich aus meinem festen Schlaf geweckt. Zur Exekution antreten. Nun gut, spiele ich halt noch Henker und anschließend Totengräber, warum nicht? Ist doch eigentümlich, da liebt man den Kampf, und dann muss man wehrlose Menschen über den Haufen schießen. Die Todeskandidaten treten mit

Schaufeln an, um ihr eigenes Grab zu schaufeln. Zwei weinen von allen. Die anderen haben bestimmt erstaunlichen Mut. Was wohl jetzt in diesem Augenblicke in den Gehirnen vorgehen mag. Ich glaube, jeder hat eine kleine Hoffnung, irgendwie doch nicht erschossen zu werden. Die Todeskandidaten werden in 3 Schichten angestellt, da nicht so viele Schaufeln hier sind. Eigentümlich, im mir rührt sich gar nichts. Kein Mitleid, nichts. Es ist eben so, und damit ist alles erledigt. Langsam wird das Loch immer größer, 2 weinen ununterbrochen. Ich lasse sie immer länger graben, da denken sie nicht so viel. Während der Arbeit sind sie auch tatsächlich ruhiger. Die Wertgegenstände, Uhr und Geld, werden auf einem Haufen zusammengelegt. Nachdem alle auf einem freien Platz nebeneinander gebracht werden, werden die zwei Frauen als Erste zum Erschießen auf das eine Ende des Grabes aufgestellt. Die Frauen traten riesig gefasst an die Grube, drehten sich um, 6 Mann hatten von uns diese zu erschießen. Die Einteilung wurde getroffen, 3 Mann auf das Herz, 3 Mann auf den Schädel. Ich nehme das Herz. Die Schüsse fallen, und die Gehirnmassen schwirren durch die Luft. Zwei auf den Schädel ist zu viel. Sie reißen fast den Kopf weg. Fast alle sinken lautlos zusammen, nur bei 2 klappt es nicht, sie heulen und winseln noch lange.

11 Uhr vormittags. Wunderbare Musik, »hörst du mein heimliches Rufen«. Wie weich kann da nur ein Herz werden! Stark sind meine Gedanken bei einem Menschen, um derentwillen ich freiwillig nach hier gefahren bin.

Was gäbe ich dafür, wenn ich sie, auch nur 10 Minuten, sehen könnte.

Eine Stunde später werden weitere 32 Polen der Intelligenz- und Widerstandsbewegung, nachdem sie ihr Grab geschaufelt haben, ungefähr 200 Meter von unserem Wohngebäude, erschossen. Einer wollte nicht und nicht sterben, schon lag die erste Sandschicht auf dem ersten Erschossenen, da hebt sich aus dem Sandhaufen eine Hand, winkt und zeigt nach einer Stelle, vermutlich seinem Herzen. Noch ein paar Schuss knallen, da ruft jemand, und zwar der Pole selbst, schießt schneller! Was ist der Mensch?

Was ist der Mensch?

*

Das Kaiserlied. Das liebe Volckslied. Heute spielt er es dreimal: für sich, für den Kaiser und für den französischen Offizier. Lauter als sonst. Sollen es die beiden Soldaten unten vor der Tür ruhig hören! Sein Papagei schmettert es ja auch, zuverlässig jeden Morgen. Musik ist keine Politik, Musik ist nur Musik. Graf Bernadotte, der französische Botschafter, hat diesen Grundsatz missachtet, als er vor seinem Haus die Fahne der Republik hisste. Derselbe Bernadotte, dem Beethoven seine »Eroica«-Idee verdankte. Napoleon besetzt die Steiermark, und über der Wallnerstraße lacht die Trikolore. Kein Wunder, dass Bernadotte aus der Stadt gejagt, dass seine Fahne verbrannt wurde.

Zwölf Jahre ist das nun her. Kurz zuvor hat er das Kaiserlied komponiert. Auf Wunsch von oben, wegen der fatalen militärischen Lage. *In tempore belli*. So hat er das Lied nicht nennen dürfen, es sollte ja für alle Zeiten gelten, auch für die friedlichen. Außerdem heißt seine Messe schon so, die mit den furchtbaren Pauken. Er schließt die Augen, um die beiden Schlägel in seinen Händen zu spüren. Erst ein pianissimo-Wirbel, zu Beginn des Agnus Dei: für die Angst der kleinen Leute, für die Angst um ihre Heimat. Dann das Fortissimo, der Schrecken der Schlacht, die Trompeten der Erzengel. Gezittert haben die Wände der Bergkirche zu Eisenstadt, damals, bei der Premiere, gezittert haben die Zuhörer. Nein, halt – sein Gedächtnis! Die Messe wurde in Wien gespielt, in der Piaristenkirche, am Weihnachtstag, und vielleicht zitterten die Zuhörer bloß vor Kälte.

Freilich, es gab allen Grund, den Mut zu verlieren in diesen Tagen. Von den 28 000 Mann, die entlang der Etsch nach Süden marschieren, kehrt nur die Hälfte zurück. Mantua fällt, Wien wird bedroht. Allein auf Erzherzog Karl ist Verlass, aber dem neidet sein eigener Bruder den Erfolg. Unser guter Kaiser Franz. Heben Sie die Moral der Truppen, Haydn! Die Moral des Volkes. Sie waren doch in England, Sie haben die berühmte Königshymne gehört.

Die Moral des Volkes? Die lässt sich nur durch ein Volkslied heben. Er hat eines gewählt, das er in Eszterháza öfter hörte, auf der Straße, in der Küche. Ein Küchenlied für den guten Kaiser. Für den Mann, der alles verabscheut, was aus dem Volk kommt. Aber als das Lied zu seinem Namenstag im Burgtheater gesungen wurde, musste er gute Miene machen und sich gerührt zeigen. Meine braven Untertanen! Lieber Haydn! Überall wurde das Lied an diesem Tag gesungen, in Prag, in Graz, Krakau, Judenburg, Ofen und Pest. Zahllose Verbeugungen des Kaisers: Diener vor dem verhassten Volk.

Es geht gut heute, sagt der alte Mann verwundert. Trefflich geht es! Hast du mich in letzter Zeit so spielen gehört, Johann? So mit Ausdruck und Geschmack?

Johann Elßler schüttelt den Kopf. Tränen stehen ihm in den Augen.

*

Was ist der Mensch?

Erschöpft lehnt SS-Hauptscharführer Kruschke am Balkongeländer des Schlosses Eszterháza. Die Spitze seiner Zigarette brennt ein kleines Loch in die Dunkelheit. Im Osten brennt die zurückweichende Front der Kameraden, versprengte Truppenverbände werden von der Roten Armee inhaliert, weggeraucht wie nichts, da können sie drinnen im Schloss noch so viele Durchhalteparolen ausgeben. Die Musik hat Kruschke müde gemacht, der Krieg hat ihn müde gemacht und der lange Kampf um diese Frau, sein Trudchen. Sie haben geheiratet, endlich. Aber er fragt sich, ob er sie nicht wieder verlassen soll. Längst ist sie ihm über. Alles ist ihm über, der Krieg, die Juden, die Deutschen, alles. Vielleicht sollte er sich übergeben wie vorhin der Professor Schneiderhan, dem das Geschwätz vom nahenden Endsieg auf den Künstlermagen schlug. Vielleicht sollte er sich zurück an die Front melden, noch ein paar Bolschewiken abknallen, bevor hier alles zusammenstürzt.

Ein Fingerschnippen, und der rot glühende Punkt versinkt in der Tiefe der Nacht. Dort unten, an der Südseite des Palasts, pflanzen sie Kartoffeln an. Oder Rüben, Viehfutter. Der Schlosspark: verwildert, ein Dschungel aus Dornen und Gestrüpp. Weil die Kanäle nicht mehr gepflegt werden, versumpft der Boden. Seit einem Jahrhundert dient die Anlage als Steinbruch für die Bauern der Umgebung. Über allem liegt der modrige Geruch des Neusiedler Sees.

Irgendwo rechterhand soll das Opernhaus gestanden sein, der Bucklige hat es ihm vorhin erzählt. Haydns Opernhaus. Noch zu seinen Lebzeiten zerfiel es, war Heuschober, Viehstall, brach irgendwann zusammen. Aus dem Marionettentheater gegenüber wurde eine Fabrik. Und das Schloss selbst? Kruschke dreht sich nicht um, er hat es ja längst gesehen: den bröckelnden Stuck, den rissigen Putz, die Schimmelflecken an Decken und Wänden. Mehr als eine Kerze wurde während des Konzerts vom Durchzug gelöscht. Die vor sich hin faulenden Seitenflügel gehören abgerissen.

Ja, irgendwann wird der ganze Rokokomist hier platt gemacht. Nicht vom Dritten Reich, das hat jetzt andere Sorgen. Die Bolschewiken werden es tun, wenn sie demnächst einmarschieren. Sie werden das Mobiliar in Flammen setzen, all die eingemotteten Instrumente, Cembali, Flügel, Geigen, Celli, werden die Spiegel von den Wänden reißen, die Gemälde zerschlagen. Auch das

Bild vom Kapellmeister Haydn wird brennen. Vor dem Konzert amüsierte sich die Heeresgruppe über einen mechanischen Kanarienvogel, eine Spieluhr aus der Zeit Nikolaus des Prachtliebenden. Sie wird nie wieder spielen. Die Roten Horden werden den Festsaal mit ihrer Seiche unter Wasser setzen, werden das geheime Kabinett des Fürsten entdecken, das mit den Phallussäulen und Lustpeitschen, und ihr Triumphgeheul wird bis nach Berlin zu hören sein. Dann werden sie das Schloss Eszterháza als Lazarett nutzen, werden hier ihre Geschlechtskranken internieren, um so das Haus endgültig zu entwürdigen.

Das ist das Ende, denkt Kruschke. Das Ende der Geschichte. Dabei empfindet er: nichts.

*

Aus Haydns Nachlass:

Ein lebender Papagey in Taubengröße grau mit rothem Schweif. Herr Haydn kaufte denselben vor 19 Jahren noch nicht völlig erwachsen, in London um einen hohen Preis, und unterrichtete ihn selbst. Wohnt, wie gewöhnlich, in einem blechenen Haus. Schätzung 100 Gulden. Verkauf 1415 Gulden.

Schwimmen. Emblem des Mörders

Ich schwimme.

Ich schwimme, und du, Verbrecher, bist tot. Vergammelst unter deiner Formalinmaske, wehrlos, schutzlos. Montags und freitags wird dein entwässerter Leichnam abgeklopft, abgehorcht, jede Pore klaftertief vermessen und ausgeleuchtet, von Kraterrand zu Kraterrand. Du kannst deine Untaten nicht länger verbergen. Es waren zu viele. Hervor quellen sie, aus dem Dunkel deines Leibes, Maden, Larven, Mistkäfer, giftiger Schleim, sie zersetzen dich, trinken dich, verdauen dich, kotzen dich aus. Du verrottest von innen her, suppiges Aas in einer Hülle aus Wachs. Unter deiner toten Haut brodelt es. Gelobt sei die Wissenschaft, die uns deinen dummen, hässlichen Körper erhält. Gelobt sei die Mumie, die ihre Verbrechen ausschwitzt, zur Schande ihres Geschlechts. Wie du stinkst, Stalin!

Ich aber schwimme, Bahn für Bahn.

Selbst im Mausoleum ist deines Bleibens nicht länger. Der große Lenin, dem du auf dem Sterbebett die Füße geschleckt hast, Zeh für Zeh, er hat sich beschwert.

Nikita Sergejewitsch, so jammerte er, was fault da neben mir? Was ist das für ein schimmliges Bündel? Schafft mir den Kadaver fort! Aber Wladimir Iljitsch, entgegnete Chruschtschow erschrocken, das ist unmöglich. Du weißt doch, draußen, auf dem Roten Platz, stehen die Wartenden Schlange: unsere Veteranen, Genossen der ersten Stunde, all die Mütterchen vom Ural, die seine Hand küssen wollen. – Schweig, sprach Lenin. Sie sind wegen mir da. Um *meine* Hand zu küssen. Nur kurz zuckte seine Braue und ließ den Kursker Stiernacken betreten hinausschlurfen.

Ich bin kein guter Schwimmer. Das Wasser ist nicht mein Element. Zwei, drei Bahnen noch, dann verlasse ich das Bad. Aber was für eine Genugtuung, über dir und deinem wahren Grab zu schwimmen, stählerner Diktator. Dort unten ruhen sie, die Fundamente von Stalins Wahn: Betonpfeiler, dick wie ein Haus. Gegossen, um den Palast der Sowjets zu tragen, das größte Gebäude der Welt. Denn nur das Größte ist groß genug für den Großen Führer des Landes, den Triumphator im Großen Vaterländischen Krieg. Ich mag dir mickrig erscheinen, doch ich ziehe meine Kreise über dir. Unbehelligt. Den Krieg hat dein Traumpalast überlebt, den Frieden nicht. Aus deinem gigantischen Luftschloss ist ein Freibad für Proletarier geworden. Als ich kam, sah ich dein wutverzerrtes Antlitz auf dem Bodenrund: das Emblem des Diktators. Geprägt ins Zentrum der Stadt, ein Gruß an Gott und Sputnik.

Aber hier bin ich, der Schwimmer. Vergnügt sprang ich ins Wasser. Jeder Beinschlag lässt Wellen über dein

Gesicht laufen, verwischt es, verzerrt, überzeichnet. Bis da nur noch ein vibrierendes Nichts ist.

Den heutigen Tag wirst du nicht überleben, toter Mörder.

*

Durch die Steinwüste namens Moskau zieht sich ein sechzig Meter breiter Canyon: die Gorkistraße. Früher, als sie noch Twerskaja hieß, lenkte sie den Blick der Hauptstadtbewohner Richtung Nordwesten. Nach Sankt Petersburg, Petrograd, Leningrad. Mochten die Namen wechseln, die Konkurrenz der Städte blieb. Die Twerskaja wurde zur Gorkistraße und erhielt ein neues Aussehen: endlose Häuserfronten, sechsstöckig und mehr, eine Architektur der Propaganda, stolze Kulisse für schäbige Wohnungen.

Über das Trottoir gleitet ein Schatten: der Umriss eines Mannes, der im Gehen raucht. Aber was für ein Gang ist das! Ein Schlurfen eher, hastig und ungelenk, man möchte sagen: unrhythmisch. Hat ihm der Wind diesen Scheitel in die Stirn gedrückt? Graues Augenpaar hinter dickwandigen Gläsern, die Brille altmodisch rund. Seine rechte Hand, welch ein nervöses Instrument: wie sie die Brille zurechtrückt, durchs Haar fährt, sich in der Hosentasche vergräbt! Kurze Bewegungen des Kopfes, zur Seite, zur Gegenseite, wieder zurück, zwei Finger an der Zigarette, ein tiefer Zug, die Zigarette landet auf der Straße.

Ein schwerer Moskwitsch rollt auf den glühenden Stummel zu und zerquetscht ihn unter seinen Reifen. Im

Rücken des Wagens wechselt der Mann die Straßenseite, quert die Asphaltschlucht. Spärlich fließt der Verkehr durch die Gorki. Wurde sie dafür verbreitert? Hat man ihre Gebäudekolosse für eine Handvoll Autos verschoben?

Aber die Fußgänger! Ihre Gespräche, Gerüche, dieses Gewimmel von Leben. Sie alle erfasst der jagende Blick des Mannes, während er die Straße überquert: Soldaten, Arbeiter, junge Frauen, Kinder und Ehepaare, Kirgisen, Osseten, Ukrainer. Jedes Gesicht, das da aufblitzt, hinterlässt einen Abdruck auf seiner Netzhaut. Nichts Gestanztes zwar, dafür sorgt seine Kurzsichtigkeit, sondern bloß einen charakteristischen Farbton, die Ahnung einer Geschichte. Und doch, wenn man das zum Klingen brächte! Keiner darf verloren gehen. Schon wieder fingert er nach seinen Zigaretten, zündet sich eine im Gehen an, steckt das Feuerzeug zurück. Wie schnell das an einem vorbeizieht! Die Gorki, ein Menschenschlund. Schulter an Schulter und doch einander fern. Wer wollte daran etwas ändern? Der Kommunismus? Die Demokratie?

Der Mann wird angerempelt. Eine kurze Entschuldigung, die im Sog der Passanten verhallt. Seine linke Hand umklammert den Griff einer Ledertasche. Die rechte immer an der Brille. Sein Haar glänzt feucht.

Dann ein Torbogen, der die Prachtfassade teilt: Hier mündet die stille Georgiewgasse. Erniedrigt zu einem Durchgang für Hausbewohner, öffnet sie sich und öffnet sich nicht. Die Last von vier Stockwerken liegt auf dem Tunnel, bevor er wieder Gasse wird, in die kein Sonnenstrahl dringt. Hoch oben ein schmaler Streifen Himmel, unerreichbar. Selbst der Zigarettenrauch, der sich von Stockwerk zu Stockwerk hangelt, gibt irgendwann auf. Vielleicht hat das Echo mehr Glück. Scharf hallen die Schritte von den Hauswänden wider. Wasser leckt aus Regenrinnen, Katzen streunen um Abfallhaufen. In der Ferne schlägt ein Fensterladen auf und zu.

Das Gebäude, das der Mann ansteuert, ist breit, viel zu breit für das enge Gässchen. Ein übergewichtiger Eindringling, dessen obere Etagen die Ellbogen ausfahren. Kein Wunder, dass sich die Nachbarhäuser wegducken, dass das Himmelsgrau zur Linie schrumpft. Wie Gewichte hängen diesem Riesen die eigenen Schatten an.

Der Sozialismus hat die Treppen nicht abgeschafft. Immer noch gibt es sie, diese demutsvollen Blicke hoch zur Pforte, die Blicke der Bittsteller und Untertanen. Der Mann mit der Ledertasche schaut seinen Füßen beim Erklimmen der Stufen zu. Mit einem Seufzen öffnet sich die Tür, atmet das Gebäude die stickige Luft der Gasse ein. Die Eingangshalle still und weitläufig, gelbes Schummerlicht auf sibirischen Hölzern.

»Rauchen verboten!«

Ertappt bleibt der Mann stehen. Seitlich in einem Kabuff sitzt unter zuckender Neonlampe eine Frau, die aufgeschlagene Prawda vor sich. Sie trägt eine olivgrüne Uniform, hochgeschlossen, dazu ein Hütchen derselben Farbe.

»Im gesamten Gebäude ist das Rauchen verboten«, wiederholt sie. »Beschluss der Abteilung. Die Stadtluft ist schon ohne Zigaretten miserabel genug, außerdem schadet es der Gesundheit. Wir können uns keine kranken Genossen leisten, verstehen Sie? Wir brauchen gesunde Leute. Jeder Kranke spielt dem Klassenfeind in die Hände. Also machen Sie bitte Ihre Kippe aus.«

Der Mann nimmt die Zigarette aus dem Mund und sieht sich suchend um.

»Aschenbecher gibt es hier nicht. Es ist schließlich ein Nichtraucherhaus. Die Abteilung, wie gesagt, hat es beschlossen, einstimmig.« Die Frau erhebt sich. »Geben Sie mir Ihre Kippe.«

»Ich könnte sie auf die Straße werfen«, schlägt der Besucher vor und wendet sich zur Eingangstür. Seine Stimme ist heiser, von ähnlicher Hast geprägt wie sein Gang.

»Das geht nicht.« Eine leichte Röte überzieht das Gesicht der Frau. Sie wirkt wohlgenährt, aber straff; was an Haar unter ihrem Hütchen hervorlugt, schimmert kosmetisch braun.

»Es geht nicht, sagen Sie?«

»Hier ist nur der Eingang. Der Ausgang befindet sich an einer anderen Stelle des Hauses. Was ebenfalls von der Abteilung beschlossen wurde, allerdings vor meiner Zeit. Nun geben Sie das Ding schon her.« Den glimmenden Stummel in der Hand, öffnet sie eine schmale Tür an einer Seite ihres Kabuffs. Man hört ein leises Zischen, als die Zigarette auf Wasser trifft, dann das gurgelnde Geräusch einer Toilettenspülung. Währenddessen spricht die Uniformierte unablässig weiter. »Ich würde sagen, es hat etwas mit meiner Funktion als Einlasserin zu tun.

Dieses Haus wird von vielen Menschen besucht, von sehr vielen. Menschen, die Fragen und Anliegen haben, die dies wissen wollen oder jenes. Es ist reichlich Arbeit vorhanden. Nicht jeder kommt wie Sie herein und geht gleich weiter. Was im Übrigen nicht erlaubt ist. Und nun stellen Sie sich vor, ich säße gleichzeitig als Auslasserin hier. Unmöglich, das alles zu bewältigen. Sie ahnen nicht, wie viele Leute sich hier einfinden, nur um irgendwelche Beschwerden loszuwerden.« Aufatmend lässt sie sich wieder hinter der Prawda nieder.

»Ich bin nicht hier, um mich zu beschweren«, sagt der Mann.

»Sondern?«

»Es geht um eine Art Tausch. Ebenfalls ein Beschluss, einer von ganz oben.«

»Von ganz oben?«

Er öffnet seine Ledertasche, in der Metall leise auf Metall trifft, und zieht eine Medaille hervor. »Das hier soll ich abgeben. Es hieß, ich bekäme dafür eine neue.«

Die Frau springt auf, lässt ihre Hand nach vorne schnellen. »Das ist Ihr Orden? Ihr eigener?«

Er nickt.

»Haben Sie noch mehr davon?«

»Insgesamt fünf.«

»Fünf Stück?« Ihr Brustkorb hebt sich. Wie um ihn niederzuhalten, zu besänftigen, fasst sie sich an den mächtigen Busen. »Was … was sind Sie von Beruf? Ingenieur? Arzt?«

»Komponist.«

Mit großen Augen starrt sie ihn an. Dann lässt sie ihre runden Schultern fallen. »Ich wusste nicht, dass es dafür auch Orden gibt. Schriftsteller, ja, davon habe ich gehört. Aber Komponisten …«

»Können Sie mir sagen, wohin ich muss?«

Sie lässt sich Zeit mit der Antwort. Wie gebannt betrachtet sie die Medaille des Besuchers. Der Mann auf der vergoldeten Scheibe erwidert ihren Blick: gütige Augen, Denkerstirn, hinter dem buschigen Schnurrbart womöglich ein Lächeln verbergend. »Soso«, murmelt sie schließlich. »Werden die jetzt also umgetauscht. Schon wahr, modern sind sie nicht mehr, diese Art von Orden.«

»Mir würde es reichen, wenn ich das Zeug loswerden könnte. Offiziell zurückgeben, meine ich. Ersatzorden wären nicht nötig.«

»Nein, nein, wenn der Umtausch beschlossene Sache ist, hat das seine Ordnung. Sie werden fünf neue Medaillen bekommen. Mit einem anderen Bild, nehme ich an.«

Der Besucher zuckt die Achseln. Seine Augen zwinkern nervös.

»Versuchen Sie es in der zentralen Verwaltung. Ostflügel, dritter Stock. Dort wird man das entsprechende Formular vorrätig haben.«

»Danke.«

»Und vergessen Sie Ihren Orden nicht, Herr Komponist!«

Er steckt die Medaille ein und verabschiedet sich mit einem Nicken. Im Gehen greift er unwillkürlich in seine Jackentasche.

»Denken Sie daran«, ruft sie ihm hinterher. »Zigaretten sind ungesund, regelrechte Mordwerkzeuge. Kranke Genossen schaden dem Gemeinwohl.«

Seine Hand spielt mit der Zigarettenschachtel in der Tasche. Irgendwann wird ihn das Zeug umbringen, keine Frage. Aber ob sein Tod dem Gemeinwohl schadet, ist noch nicht ausgemacht. Selbst der gütig lächelnde Mann auf der Medaille wusste darauf keine Antwort. Und wenn Zigaretten Mordwerkzeuge sind, was ist dann die Prawda? Wie viele hat sie auf dem Gewissen: Genossen, Menschen, Unschuldige?

Aber das braucht er der Frau nicht zu sagen. Das weiß sie genauso gut wie er selbst. Wie jeder, der die Prawda liest.

Von dem Gang, der ins Herz des Gebäudes führt, zweigen rechts und links zahlreiche Türen ab. Nichts ist zu hören, kein Telefonat, kein Schreibmaschinenklappern. Die Arbeit hinter diesen Türen findet im Stillen statt. Die Arbeit der Totrechner, Tabellenmörder, Listenhenker. Wenn fünf Prozent der Stahlwerker von Pawlowsk unzufrieden sind, schicken wir fünf Prozent der Stahlwerker von Pawlowsk in den Gulag. Wenn in Inguschien zehn Jugendliche gegen ein Lenindenkmal pinkeln, stellen wir zehn Inguschen vors Standgericht. Wenn die Letten Woche für Woche gegen die Sowjetbesatzung protestieren, siedeln wir Woche für Woche ein paar Letten um. Rechnen muss man können.

Sicher, die Zeiten haben sich geändert, es ist besser geworden in den letzten Jahren. Kein Vergleich zu früher, als das Knurren eines bestimmten Automotors eine ganze Straße um den Verstand brachte. Holt meinen Nachbarn! Nehmt die Hexe von gegenüber mit! Es sind andere Motoren jetzt, und man hört sie seltener. Aber es gibt sie. Wenn die Genossen Komponisten formalistische Galle speien, stopfen wir ihnen das Maul! So stand es in der Prawda, vor vierundzwanzig Jahren. Zwölf Jahre später stand es wieder da: Bringt sie zum Schweigen! Nehmt ihnen ihr Geld, ihre Arbeit, ihre Würde! Im ganzen Land las man die Parolen, ließ sie Kinder im Unterricht aufsagen, schrie sie auf der Straße im Chor.

Und wenn sie dann im Dreck liegen: Hängt ihnen einen Orden um den schmutzigen Hals!

Metall klingt auf Metall, während der Mann den Flur entlang hastet. Endlich eine Querachse. Wo ist Osten, wo Westen? Beide Halbachsen enden vor Treppenaufgängen. Im Zweifel wendet sich der Sowjetmensch nach links. Jeder Schritt des Besuchers hinterlässt ein quietschendes Geräusch auf dem Linoleumboden. Scheint es nur so, oder zieht er ein Bein tatsächlich etwas nach?

Das Treppenhaus: fensterlos. Eine Etage höher ein weiterer Flur, schummrig wie unten, Tür an Tür, totenstill. Kein Mensch zu sehen. Doch, jetzt nähert sich etwas, ein dünner Ton, langgezogen, flehend, der sich zu einer Stimme verdichtet. »Hu- …«, wimmert die Stimme, bricht ab. Dann wieder und wieder: »Hu- … Hu- …«

Zögernd macht der Mann mit der Ledertasche einen Schritt nach vorne. Das Heulen verstummt. Erst jetzt fallen ihm die Banner auf, die über den Türen angebracht sind: »Ohne UdSSR kein Weltgewissen« – »Die Partei prüft eure Herzen« – »Sozialismus ist Liebe«. Er geht weiter, bis er das Wort entziffern kann, das in Kreide an der Wand steht. Ein einziges Wort nur, geschrieben von Kinderhand: *Hunger.* Prüfend fährt er mit einem Finger über die weiße Schrift.

»Hast du was zu essen dabei?«, flüstert es hinter ihm.

Er fährt herum. Da ist nichts. Nur feiner Hausstaub, der durch das Dämmerlicht tanzt. So viel Staub, dass man von den Körnchen satt würde, bekäme man sie alle zu fassen.

»Hu- …«, wimmert es in einiger Entfernung. Der Besucher wischt den Staub beiseite und geht weiter in den Flur hinein, auf das Stimmchen zu. Wieder führt eine Querung rechts und links in die Tiefe des Gebäudes, und da, hinter einer Ecke, kauert ein Mann in einem gelben, viel zu weiten Jackett auf dem Boden. Legt den kahlgeschorenen Schädel ein wenig schief, blickt seinen Gast aus flackernden Augen an.

»Hu«, sagt er.

»Daniil? Du?«

»Hu, Hu?«

»Es tut mir leid, ich habe nichts zu essen für dich.«

»Vielleicht für dich?«

»Nein.«

»Macht nichts.« Der Glatzkopf springt auf. Unter dem gelben Jackett wird seine ausgemergelte Brust sichtbar, sein Hals, um den sich ein Hundehalsband schlingt. Baumelnd schlägt ein metallenes Kreuz gegen die Rippen.

Aus einer engen schwarzen Reithose lugt ein Paar nackter Füße hervor. »Die Leute nehmen den Hunger viel zu ernst. Die Leute nehmen überhaupt alles zu ernst. Dabei ist nicht einmal erwiesen, dass der Hunger existiert. Von keiner Sache ist die Existenz erwiesen, also auch nicht vom Hunger. Natürlich, dreimal am Tag knurrt dein Magen, du könntest die Tapete annagen, dein Kopf glüht, die Laune sinkt – aber ist das ein Beweis für den Hunger? Vielleicht hast du Migräne oder ein schlechtes Gewissen. Verheiratete haben fast immer ein schlechtes Gewissen. Und dann fressen sie und fressen, weil sie glauben, es liege am Hunger. Ganze Weltreiche sind an solchen Fehldiagnosen zugrunde gegangen. Was meinst du?«

»Ich habe nichts bei mir, Daniil, entschuldige.«

»Aber ich bitte dich, keine Ursache!« Der Gelbgewandete zieht aus dem Nichts einen Stuhl heran und nötigt den Besucher, sich zu setzen. »Ich will dir eine Frage stellen, eine Frage nur. Pass auf: Gibt es etwas auf der Erde, das Bedeutung hätte und sogar den Gang der Ereignisse verändern könnte, nicht nur auf der Erde, sondern auch in anderen Welten?«

Der Sitzende schweigt lange. Schließlich murmelt er: »Die Gefängnisse waren voll in jenen Jahren. Und doch haben sie für Leute wie dich immer noch ein Plätzchen gefunden, wenn sie wollten.«

»Das ist keine Antwort, Dmitri Dmitrijewitsch! Noch einmal: Gibt es etwas von Bedeutung, hier oder überhaupt? Ja, rufst du, selbstverständlich! Und was?, frage ich dich. Nun, sagst du ausholend und schweigst. Interessant. Ich schaue dich an, aber du schweigst. Ich schweige ebenfalls, warte, aber du schweigst immer noch. Ist das nicht lustig? Wir schweigen beide! Starren uns an, die großen Weltfragen auf der Stirn, und schweigen gemeinsam, oh-la-la! Wir sind zwei Denker, was?«

»Es gibt Schweigen und Schweigen«, sagt der andere leise.

»Ach, du meinst das Schweigen in der Musik? Das beredte Verstummen, das Flüstern in Noten? So könnte man es nennen, ja. Damit kommt man weiter als ich, du hast recht. Man bleibt ungeschoren.« Nachdenklich fährt er sich mit einer Hand über den Schädel. »Vielleicht existiert der Hunger ja doch.« Er vollführt eine halbe Drehung, greift mit der anderen Hand ein Schmetterlingsnetz aus der Luft und macht sich auf die Jagd nach dem herumwirbelnden Staub. »Findest du«, ruft er zwischen zwei Schlägen mit dem Netz, »dass ich eine große Nase habe?«

»Du? Nein.«

»Wirklich nicht?«

»Ganz sicher nicht.«

»Aber du! Du hast eine verdammt große Nase.«

»Das ist nicht wahr. Ich …«

»Und ob! Wenn du dich sehen könntest, würdest du mir zustimmen. Und überhaupt …« Der dünne Mann hält inne und stellt sich hinter den Sitzenden, beide Hände auf der Stuhllehne. »Es ist absolut empfehlenswert, eine große Nase zu haben. Die Luftzufuhr verbessert sich, verstehst du? Man schwitzt auch leichter, wenn es heiß ist, wegen der vergrößerten Oberfläche. Nur wann ist es schon heiß bei uns?« Er springt wieder davon, durch den Flur, um den Stuhl herum, sein Schmetterlingsnetz schneidet messergleich durch das buttrige Licht der Deckenlampen. »Vor allem aber die Ästhetik! Ästhetisch betrachtet, sind große Nasen ein Muss. Frauen stehen auf sie. Kürzlich sagte Irina Pawlowna, mein liebes Tantchen, zu mir, Daniil, sagte sie, du Schlingel, wenn du nicht mein Neffe wärst, würde ich dich glatt heiraten und dir jeden Morgen gekochte Hühnerbeine ans Bett bringen. Und warum sagte sie das? Nur wegen meiner Nase! Sie ist nämlich sehr wohl groß, größer als die Tscheka erlaubt. Zumindest wenn ich einen viel zu kleinen Hut trage. Schau her!« Tatsächlich, da hat der Dünne etwas auf dem Kopf, was aussieht wie ein umgedrehter Blumentopf aus Filz. Und weil er ihm nicht einmal bis zu den Ohren reicht, fällt er sofort hinunter. Aber die Nase, wie sie gewachsen ist! Ein Monstrum von Zinken, ohne Übertreibung.

»Es gibt Nasen«, murmelt der Besucher mit geschlossenen Augen, »die so groß sind, dass sie sich selbständig machen. Sie gehen arbeiten, machen Karriere, regieren. Ich habe viele solcher Nasen kennen gelernt.«

»Schweig!«, unterbricht ihn der andere harsch. Er steht vor ihm, ohne Hut, ohne Schmetterlingsnetz, das Jackett flattert um seinen Oberkörper, die Hose rutscht von den knochigen Hüften. »Hörst du das? Hörst du das, Komponist?« Seine Miene ist hart, wie ein roh gezimmerter Sarg.

Der Besucher nickt. »Hunde. Irgendwo sind Hunde in diesem Gebäude.« Er hat die Augen wieder geöffnet, seine Hände ruhen auf der flachen Ledertasche.

»Bellende Hunde«, flüstert der Dünne. »Bellende Hunde – du weißt, was das bedeutet? Das Nahen des Jägers, das Ende unserer Tage. Aber wir kommen vom Thema ab«, nun lächelt er wieder, »denn wer kann schon sagen, ob Hunde existieren. Was hast du da in der Tasche?«

»Nichts von Bedeutung.«

»Etwas zu essen?«

»Nein, glaub mir.«

»Etwas zu essen, oja. Oder Geld, um Essen zu kaufen. Oder Orden, die dir Geld gebracht haben.«

Der Mann mit der Tasche schweigt. Es ist nicht leicht, dem Blick des Kahlgeschorenen standzuhalten. Im Sitzen sieht er zu ihm auf, wie er vorhin, am Fuß der Treppe, zur Eingangstür aufgesehen hat. Auch der Dünne schweigt. Sie schweigen beide, warten und schweigen – wie angekündigt.

»Oh-la-la«, lacht der Dünne schließlich. »Orden! Ich hätte auch einen gebrauchen können. Wenn man nur lange genug an ihnen leckt, schmecken sie nach roter Beete. Wofür hast du sie bekommen? Aber was frage ich, für Musik natürlich! Für welche Art von Musik?«

Die Tasche wird geöffnet. »Diesen hier, meinen ersten, für ein Klavierquintett.«

»Wie bitte? Für ein Klavierquintett? Du erlaubst dir wohl ein Späßchen, Alter! Seit wann bekommt man

Orden für so einen bürgerlichen Schund? Hast du nicht wenigstens ein Revolutionslied darin verarbeitet? Oder Stalins Namen, eine Hymne auf die Werktätigen?«

»Nein.«

»Dann hast du sie beschissen. Genial! Hunderttausend Rubel für ein Fälschung! Genauso gut hätten sie dich für die Sinfonie auszeichnen können, die du zurückgezogen hast. Hier, bitteschön, einhunderttausend Rubel und den Stalinpreis dafür, dass wir diesen Dreck nie zu hören bekommen.« Er verschränkt die Arme vor der Brust. »Ich hätte sie gerne gehört, deine Sinfonie.«

»Ich auch.«

»Ja, aber du wirst sie hören, irgendwann. Das ist der Unterschied zwischen uns beiden. Du lebst und kannst sie an der Nase herumführen, an ihrer dicken, großen Diktatorennase. Ich hätte am Ende sogar meine Manuskripte gefressen, nur um zu überleben.«

»Ich weiß. Und glaub mir, ich habe …«

»Hör auf, dich zu rechtfertigen, Dmitri Dmitrijewitsch! Schreib deine Noten und halt's Maul! Aber verrate mir, was du mit den Orden vorhast.«

»Umtauschen. Es hieß, ich bekäme neue. Ohne ihn hier.« Er hält das Porträt des Schnauzbärtigen in die Höhe.

»Hu!«, kreischt der Glatzkopf und flitzt davon. »Ich habe einen Stein verschluckt! Aus Moskau weht violetter Wind. Die Alte war steif wie ein Brett, ich habe sie an den Schuppen genagelt. Mit der Nase genagelt, mit der Stirn genagelt – knacks, da brach ein Bein ab!« Er selbst ist nicht mehr zu sehen, nur seine Stimme hängt noch dünn in der stickigen Luft. Jetzt beginnt sie zu singen: »Schlaf, Kindchen, schlaf! Dein Vater ist ein Volksfeind ... Weißt du dafür eine Melodie, Komponist? Schreib sie auf, back eine Pirogge daraus. Hu-hu! Guten Appetit! Ap-pe-tiiit ...!« Wortlos klingt die Stimme weiter, ein Säuseln nur noch, wie ein Faden in einem Labyrinth.

Der Mann mit der Ledertasche steckt den Orden wieder ein und erhebt sich. Im trüben Schein der Deckenlampen tanzt der Staub. Eine Weile lauscht er dem verwehenden Gesang des Dünnen, dann kehrt er zum Treppenhaus zurück und steigt weiter nach oben. Auf halber Höhe bleibt er stehen, setzt die Tasche ab, schiebt den Ärmel vom rechten Unterarm, um ihn mit der anderen Hand durchzuwalken. Kraftlos hängen die Finger der Rechten herab.

Der Zugang zum zweiten Stock ist durch eine mächtige Tür versperrt. Mit ihren wulstigen Verzierungen wirkt sie, als stamme sie aus einem ganz anderen Gebäude und sei nachträglich eingepasst worden. Die Ornamentik zeigt Risse, ein vergoldeter Engel dient als Griff. Im Türrahmen verschwinden Elektrokabel, fingerdick bemalte Wasserrohre laufen an der Decke entlang. Rechterhand ein breites, neu angebrachtes Schild: »Schwimmbadverwaltung«.

Der Mann lauscht. Aufgeräumt geht es zu in dieser Etage. Gläserklirren ist zu hören, fröhliche Unterhaltung. Plötzlich wird die Tür aufgerissen, und eine junge Frau steckt den Kopf heraus.

»Sind Sie wegen der Jahreskarten hier?«

»Bitte?«

»Sie wollen keine Jahreskarte für das neue Moskwa-Bad?«

»Nein.«

»Es ist auch im Winter beheizt. Als Freibad, stellen Sie sich vor!«

»Danke. Ich suche die zentrale Verwaltung.«

»Eins höher. Und lassen Sie sich nicht abwimmeln, die Kollegen sind manchmal etwas dickschädelig.« Sie schenkt ihm ein aufmunterndes Nicken.

Der Zugang zum dritten Stock ist frei. Ein langer Flur wie in den unteren Etagen, dumpfes Deckenlicht, geschlossene Türen. Eine einzige von ihnen steht einen Spaltbreit offen. Der Besucher tritt näher, horcht, stößt sie schließlich auf.

Vor ihm liegt ein Zimmer: groß, kahl, dämmrig. Kein einziges Fenster. Im Schein einer einsamen Stehlampe sitzt ein Mann an einem Tisch und schreibt. Der Mann ist nicht groß, nicht klein, er ist einfach ein Mann. Er trägt weiße Handschuhe. Und er schreibt. Setzt seinen Namen unter ein Dokument, legt es zur Seite, unterschreibt das nächste, legt ab. Der Papierstapel wächst, doch es sind noch genügend Dokumente vorhanden. Das Licht der Lampe fällt auf die Seiten, während der Rest des Raumes im Schatten liegt.

Der Besucher, immer noch auf der Schwelle stehend, räuspert sich. Keine Reaktion. Nur das Kratzen des Füllfederhalters über das Papier, das Rascheln der weggelegten Seite. Nicht einmal den Kopf hebt der Schreibende. Er tut seine Arbeit, die Arbeit füllt ihn aus.

Die Luft schmeckt nach Salz. Sie macht Durst. Der Besucher wartet, ob seine Anwesenheit bemerkt wird, ob irgendetwas geschieht. Nichts. Um seine Mundwinkel zuckt es. Weit in der Ferne meint er Stimmen zu hören: verhallende Rufe, Halbsätze, die aus Kellerverliesen zu ihm dringen. Suchend sieht er sich nach einem Glas Wasser um, einem Waschbecken, aber bis auf den Schreibtisch ist das Zimmer völlig leer.

Endlich macht er ein paar Schritte in den Raum hinein. Jetzt erst fällt ihm auf, dass es auch hier Türen gibt; Geheimtüren, rahmenlos in die Seitenwände gelassen, eine neben der anderen. Er zögert. Dann, die Tasche unter den rechten Arm geklemmt, klopft er mit der linken Hand gegen eine der Türen. Keine Antwort. Der Mann am Schreibtisch fährt in seiner Arbeit fort.

Noch einmal klopfen, den Türgriff betätigen, heftig rütteln – vergeblich. Sie ist verschlossen. Ebenso die nächste. Die dritte lässt sich öffnen, führt aber lediglich auf eine nackte Backsteinwand. Eine Wand hinter einer Tür. Offen und doch verschlossen. Der Besucher geht von einer Tür zur nächsten, reißt sie auf, sofern das möglich ist, trifft auf eine weitere Wand, blickt in einen Spiegel, in einen Schrank, auf eine Tapete, in das grelle Licht einer Blendlampe, auf eine neue Tür, die wiederum verschlossen ist … Beim zehnten, zwölften Versuch entdeckt er einen Menschen, einen Lauscher, der sich erschreckt zurückzieht und dabei signalisiert, ihm auf keinen Fall zu folgen. Einmal ist da ein Gang, der in die Tiefe führt, ein anderes Mal der bloße Himmel, der Blick über die Dächer niedriger Klitschen.

Und bei alledem rührt sich der Mann mit den Handschuhen nicht von seinem Platz, ganz in seine ruhige Tätigkeit vertieft.

Nun bleibt noch eine Tür: die an der rückwärtigen Schmalseite, hinter dem Schreibtisch. Langsam geht der Besucher auf sie zu. Kurz bevor er sie erreicht hat, hält er inne. Ein Blick aus den Augenwinkeln zum Tisch hinüber: Er sieht den Rücken des stummen Mannes, sieht, wie seine rechte Schulter die kreisende Bewegung des Schreibarms auffängt, wie sie sie umlenkt und an die Muskulatur weitergibt. Und am untersten Ende des Schulterblatts, dort, wo die Bewegung ausläuft, sitzt ein Messer bis zum Schaft im Fleisch, leicht und freundlich wippend.

Der Besucher wendet sich ab. Die letzte Tür, ein letzter Versuch: Er klopft und erhält Antwort. Der unverständliche Ruf eines Menschen. Er öffnet die Tür und tritt ein.

Beißender Rauch schlägt ihm entgegen. Plötzlich ist Lärm überall, ein dumpfes Dröhnen und Rasseln, Ächzen von Holzwänden, das in durchdringendes Pfeifen übergeht.

»Rein mit dir und Tür zu!«, gellt es ihm entgegen.

Er gehorcht. In einem überfüllten Zugabteil sitzen zwei Dutzend Soldaten längs der Wände, durchgeschüttelt von rasender Fahrt auf altersschwachen Schienen. Schläfrige Augen hinter Nikotinschleiern, die Beine ausgestreckt.

Zu ihren Füßen Rucksäcke, Waffen, Holzstapel, Arbeitsgerät. Einer schiebt seinen Nachbarn ein Stück zur Seite und klopft mit der flachen Hand auf den freigewordenen Platz. Vorsichtig hangelt sich der Mann mit der Tasche an der Abteilwand entlang und setzt sich.

Wie jung diese Männer sind. Grässlich jung, zu dritt kaum älter als er.

Er bekommt eine Zigarette angeboten. »Ich dachte, es sei verboten?«

»Nicht für uns«, lacht sein Gegenüber. Ein anderer: »Nicht, wenn es an die Front geht.«

Der Besucher lässt sich Feuer geben. »Wohin?«

Achselzucken. »Werden wir sehen. Oder auch nicht. Wir schießen, sobald es der Genosse General befiehlt.«

»Herrscht denn schon wieder Krieg?«

Jetzt lachen alle. »Es herrscht immer Krieg, immer! Das weiß doch jedes Kind.«

Der Mann nickt. Wie vorhin liegt die Ledertasche flach auf seinen Knien. Manchmal, wenn das Rütteln sehr stark ist, klingen die Medaillen in der Tasche aufeinander. Ein kleines Geräusch nur, und wer könnte es vernehmen, bei dem Fahrtlärm! Trotzdem presst er beide Hände auf das Leder, auch die rechte, die kraftlose Hand.

Er fragt sich, in welche Himmelsrichtung die Reise geht. An welche Front, gegen welchen Feind. Durch die Holzwände zieht es eiskalt in das Abteil, die beiden Deckenlampen flackern. Ob es ihm jemals gelingen wird, so viele Noten zu schreiben, wie die sowjetischen Bahnlinien Schwellen haben?

Einer der Soldaten zieht eine Fotografie aus der Uniform, zeigt sie seinem Nachbarn. Der reicht sie herum. Ein Mädchen: pausbäckig, mit schweren Zöpfen und asiatischen Zügen. Man übertrifft sich gegenseitig in Gelächter und Kommentaren. Einer ruft: »Tatarenschlampe! Kleiner Mund, kleine Möse!« Und dann, noch einmal, damit es alle hören: »Kleiner Mund, kleine Möse!«

Der Soldat erhält das Foto zurück und betrachtet es eine Weile. Dann richtet er sich auf, entriegelt eine Luke und wirft das Bild hinaus. Fast wäre er gestürzt, so sehr rumpelt das Abteil.

»Singen wir«, schlägt einer vor.

Ein Lied erklingt: das Eisenbahnlied der Pioniere. Der Besucher greift mit der Linken die Begleitakkorde auf der Ledertasche. Gegen Ende muss er die Tonart wechseln, weil die Sänger einen Halbton nach unten gerutscht sind.

»Musiker?«, fragt sein Nachbar.

Er nickt.

»Welche Art von Musik?«

»Früher habe ich in Kinos gespielt. Zu Stummfilmen.«

»An unserem letzten Einsatzort gab es eine Blaskapelle.«

»Eine was?«

»Eine Blaskapelle«, ruft der Rotarmist. »Alle in Uniform. Ein Trompeter noch mit einer Verwundung am Arm. Ich sage: Musik gehört dazu. Zum Krieg, meine ich. Man kann sich ganz anders motivieren, verstehst du?«

Der Besucher schweigt. Plötzlich Bewegung am anderen Ende des Abteils. »Vorsicht, heiß!« Eine zerbeulte, rauchende Pfanne wird von Mann zu Mann gereicht, bis sie bei einem Soldaten landet, dem kaukasisches Feuer aus den Augen schlägt. Mit spitzen Fingern greift er nach ihrem Inhalt, einer großen, schwarz verbrannten Ratte. Leckt sich die Lippen, augenzwinkernd.

»Diese verdammten Tschetschenen«, tönt es aus einer Ecke. »Warum müssen die immer zeigen, dass sie anders sind als wir?«

Mit einem Dolch schneidet der Tschetschene ringförmig um den Hals der Ratte und zieht ihr das Fell ab. Der Dolch wird zur Seite gelegt, die Ratte mit Salz eingerieben. Faser für Faser verschwindet ihr graues Fleisch zwischen den Zähnen des Mannes.

»Ich traue denen nicht«, zischt der Soldat neben dem Besucher. »Das sind keine Menschen. Barbaren sind das!«

»Aber singen können sie!«, lacht ein anderer.

»Das heißt nichts. Auch die Nazis singen.«

Der Tschetschene bietet seinen Nachbarn die halbverspeiste Mahlzeit an, erntet aber nur Kopfschütteln. Lieber nimmt man von den Zigaretten, die der Besucher herumreicht. Frischer Rauch füllt das Abteil.

Dann drückt die Fliehkraft alle nach vorne. Das klägliche Heulen der Bremsen, bis der Zug endlich, endlich zum Stillstand kommt. Die Abteiltür wird aufgerissen, ein Offizier winkt den Mann mit der Tasche zu sich.

»Mitkommen!«, schnauzt er ihn an.

Der Mann gehorcht.

»Und weg mit der Kippe!«

Statt zum Treppenhaus zurück führt die Tür einen holzgetäfelten Gang entlang und von hier aus in einen hohen

Saal, durch dessen Fenster gedämpftes Tageslicht fällt. Über karmesinrot tapezierte Wände klettern goldene Ranken, an der Decke schweben Apollo und die neun Musen. In der Saalmitte ein Tisch von enormen Ausmaßen. Um ihn herum stehen gutgenährte, gutgekleidete Männer, beugen sich über Papiere wie Generäle über Landkarten, weisen mit ausgestreckter Hand, trommeln mit den Fingerknöcheln. Gereiztheit liegt in der Luft, die Anspannung vor folgenschwerer Entscheidung.

»Die Kommission ist vollzählig«, gibt der Offizier bekannt, salutiert und tritt ab. Alle wenden sich dem Neuankömmling zu.

»Na, endlich!«, ruft einer, dessen gedrungener Leib schwer an zahlreichen Ehrentiteln trägt: Generalmajor der Armee, Professor am Konservatorium, Volkskünstler der UdSSR. »Welch Glanz in unserer bescheidenen Hütte!«

»Der Held von Leningrad!«, sekundiert ein anderer.

»Ihre Hymne ist ein Geniestreich. Keine Hymne zwar, aber ein Geniestreich.«

Der Besucher tritt näher. Was da an Blättern über den gesamten Tisch verstreut liegt, entpuppt sich als Partituren: musikalische Schlachtengemälde, Morgenappelle, Gegenoffensiven. Der Große Vaterländische Krieg in Forte und Dur.

»Im Großen und Ganzen sind wir uns darüber einig, was eine Nationalhymne ausmacht«, erläutert ein Dritter mit öligem Schnurrbart. »Und das ist das Wichtigste: dass wir uns einig sind. Dann wird SIE zufrieden sein.«

»Eine Hymne«, ergreift wieder der Professor das Wort, »muss sein wie ein Schlachtschiff. Sie muss Kriege gewinnen können. Das ist unser aller Meinung. Und SIE wird uns zustimmen.«

Der Neuankömmling setzt seine Tasche ab. Im selben Moment, in dem er nach einer der Partituren greift, wird der Saal zum Klangkörper: Von tief unten, wie aus Kellergewölben, lärmt ein Orchester, an der Saaldecke verflechten sich helle Chorstimmen. Die Musik schwillt an, monumental, ohrenbetäubend bis zur Schrillheit. Kaum legt er die Noten wieder auf den Tisch, kehrt Stille ein. Ein Griff zum Papierstapel nebenan: die nächste Darbietung, die augenblicklich verstummt, sobald er die Hand zurückzieht.

»Es geht um das Gesamtkonzept«, hört er die näselnde Stimme des Professors hinter sich. »In unserem Staat stehen alle Künste im Zusammenhang. Literatur, Malerei, sogar der Film. Und die Architektur, nicht zu vergessen. Die neue Nationalhymne muss in ihrer Anlage dem Palast der Sowjets entsprechen. In der Größe, der Aussage, dem Anspruch.«

»Der Palast ist ein Fragment«, murmelt der Besucher.

»Aber er wird fertiggestellt. Nach dem Krieg, dafür verbürge ich mich.«

»Was ist nun?«, ruft ein Ungeduldiger von der anderen Seite des Tisches. »Wie gefallen Ihnen unsere Vorschläge? Verkünden Sie uns Ihr Urteil!«

Es ist still geworden im Saal. Alles starrt auf den Mann mit der Tasche und den dicken Brillengläsern.

»Wenn Sie mich fragen«, flüstert er in seiner heiser vernuschelten Art, sämtlichen Blicken ausweichend, »mir fehlen die Ratten in dieser Musik.«

»Die Ratten? Ist das einer Ihrer üblichen Witze?«

»Nein.«

»Dann erklären Sie sich!«

»Wie Sie schon sagten: Wir befinden uns im Krieg.«

»Und wir werden ihn gewinnen!«

»Ja. Weil unsere Leute Ratten essen. Kein Triumph ohne Elend. So sehe ich das.«

»Aha.« Ein öliger Schnurrbart wird gezwirbelt. »Ich kann mir nicht vorstellen, dass SIE eine Hymne mit Ratten akzeptieren wird. Zumal wir …« Er bricht ab.

Kreischend springen die Flügel einer riesenhaften Tür auf. Hinter ihr: eine Bewegung im Halbdunkel. Da bewegt sich etwas, ein dünnes, gebogenes, bleich schimmerndes Bein, das einen schmalen Fuß über die Schwelle dirigiert. Ein zweites Bein folgt, ein drittes und viertes, dann kommt ein flacher, gepanzerter Rumpf in Sicht, vor dem zwei unterschiedlich große Scheren schweben. Schwankend schiebt sich das Tier in den Saal: SIE. Die Krabbe. Atemlos stehen die Männer. Endlich geben die Scheren den Blick auf ein gelbes Gesicht frei, das von Pockennarben übersät ist. Der struppige Schnurrbart: ergraut. Auf dem Haar ein schmutzig rötlicher Schimmer. Mit viel Fantasie mag man eine Ähnlichkeit zu dem Antlitz auf der Medaille entdecken.

Und nun singt die Krabbe.

»Wie schön«, singt sie mit glockenheller Kastraten-
stimme. »Wie ausnehmend schön. Musiker. Komponisten. Die Botschafter einer Epoche. General!«

Ein breitschultriger Militär tritt vor, die Uniform in
hellem Khaki, rote Streifen an der Hosennaht. »Große
Feldherrin?«

»Was sollen wir tun? Was sollen wir tun? Unsere Männer stehen im Feld und haben nichts zu singen. Sie ziehen
gegen den Feind und haben keine Hymne. Also geben
wir ihnen eine!«

»Wir geben ihnen eine Hymne«, bestätigt der General.

»Eine Hymne muss sein wie ein Schlachtschiff. Wieder-
holen Sie das!«

»Eine Hymne muss sein wie ein Schlachtschiff.«

»Aber welche ist die beste?« Ton für Ton pickt die
Krabbe Einzelne aus der Gruppe heraus: »Die von ihm?
Oder die von ihm dort? Oder eine andere?«

»Welche ist die beste?«, ruft der General.

»Ich habe keine Meinung«, seufzt die singende Krabbe,
und ihre schwarzen Punktaugen fixieren den Mann mit
der Tasche. »Aber ich könnte mir vorstellen, dass dieser
junge Mann eine sehr gute Hymne geschrieben hat.«

»Er hat eine sehr gute Hymne geschrieben!«

»Begabung hat er, würde ich meinen.«

»Er hat Begabung!«

»Was meinen die anderen?«, fragt die Krabbe und
streicht mit einer Schere über ihren Schnurrbart.

»Aber ja!«, wird gerufen. »Ein hochbegabter Kerl, dieser
Dmitri Dmitrijewitsch!«

»Er kann was!«

»Ein Original!«

»Wie schön«, gurrt die Krabbe. »Doch nun zu meinem Liebling. Wo ist der Professor?«

»Hier!«, ruft der Volkskünstler und tritt vor.

»Ich liebe die Musik von Tschaikowsky. Und ich liebe Glinka, aber auch Verdi. Wusstest du das?«

»Die liebe ich auch, verehrte Koryphäe der Wissenschaft.«

»Deshalb mag ich deine Hymne, Professor. Ich liebe sie. Auch wenn sie schlecht instrumentiert ist.«

Der Mann fährt zusammen, wie vom Blitz getroffen. »Schlecht instrumentiert?«

»O ja, das ist sie. Kaum zu glauben, wie viele Fehler dir unterlaufen sind.«

»Mir?« Er schnappt nach Luft. »Das war ich nicht! Große Feldherrin, ich habe meinen Einfall orchestrieren lassen. Von einem Mitarbeiter, aus Zeitmangel. Ich kann nichts dafür! Wenn Sie wollen, nennen ich Ihnen den Namen. Er hat meine Hymne versaut, wahrscheinlich mit voller Absicht. Ich verdächtige ihn schon lange, Feind aller Krabben zu sein.«

»Schon gut, Professor.« Die Krabbe sieht sich um. »Ist hier noch jemand vom Pfusch dieses Hilfsarbeiters betroffen? Alle? Sieh an. Dann werden wir entsprechende Maßnahmen treffen müssen.« Ihr Punktblick saugt sich wie zuvor an dem Mann mit der Tasche fest. »Ach, du nicht? Du als Einziger nicht?«

»Ich bin der Meinung«, sagt der Mann erbleichend, »dass jeder Komponist seine Werke selbst orchestrieren sollte.«

»Interessant«, nickt die Krabbe melodiös. »Sehr interessant.«

Nach diesen Worten tritt eine lange Stille ein, die erst vom trockenen Knacken harter Gelenke beendet wird. Ein Arm der Krabbe fährt langsam aus, auf die Gruppe zu. Fast zärtlich legen sich die beiden Scherenglieder um den Kopf des Professors, eins oben, eins unten.

»Ich liebe Tschaikowsky«, summt das Tier. »Und ich liebe die Musik von Glinka. Aber auch Verdi, Bizet, Borodin. Ja, ich glaube, an mir ist ein Künstler verloren gegangen.«

Millimeter für Millimeter bewegen sich die Scherenglieder aufeinander zu. Der Professor presst die Kiefer zusammen, blutrot treten seine Augen hervor. Wieder liegt ein Knacken in der Luft, ein Knirschen und Ächzen. Während die Krabbe ihr Liedchen summt, beginnt sich der Professorenschädel, Generalmajorsschädel zu verformen. Die Backenknochen weichen nach außen, die Schädeldecke verflacht, der Unterkiefer spreizt sich. Langsam wandern die traurigen Volkskünstleraugen nach unten, neben die breiten Nasenflügel. Aus dem zufriedenen, runden Gesicht wird eine jammervolle Ellipse.

»Das war nicht nett, Professor«, trällert die Krabbe und lässt endlich los. Taumelnd hält der Mann seine auseinanderfallenden Wangen mit den Händen fest. »Gar nicht nett. Aber deine Hymne ist die beste. Sie nehmen wir. Es sei denn …« Hier wendet sie sich wieder dem Mann mit der Tasche zu. »Es sei denn, an deiner Hymne ließe sich etwas ändern. Ein paar Noten, eine Wendung, nicht viel. Einverstanden?«

Der Mann nickt.

»Wie lange brauchst du dafür?«

»Fünf Minuten.«

Eine Schere zuckt auf, um sich behutsam wieder zu schließen. »Humor haben diese jungen Leute. Sehr löblich. Aber nun im Ernst: wie lange?«

»Höchstens fünf Stunden.«

»Fünf Stunden?«, schreit die Krabbe in grellster Koloraturmanier auf. »Wo ist da die Kunst? Die Inspiration, das Genie? Kunst rechnet in Tagen, verstehst du, in Wochen! Kunst braucht Zeit, viel Zeit!«

»Kunst braucht Zeit!«, kommandiert der General.

»Die Kunst«, gellt es aus dem gepanzerten Tier, dass die Fensterscheiben klirren. »Versteht ihr? Die Ku-ku-kunst!« Immer höher und höher schraubt sich der Kastratengesang, kreist unter der Decke, lässt das Rot und Gold an den Wänden ineinander schmelzen. Es ist der Ausbruch eines Vulkans, das Schleudern von Giftpfeilen. »Die Ku- … Ku- …!«

Beide Hände auf den Ohren, flüchten die ersten Komponisten aus dem Saal. Vergeblich versucht der General, sie aufzuhalten. Mittendrin taumelt der Professor, sein verformtes Gesicht zurechtrückend. Orientierungslos treiben die beiden Scheren der Krabbe durch die Luft.

»Ku- … Ku- … Ku- …!«

Die Musen an der Saaldecke widerstehen dem Ansturm der Töne nicht länger, saugen sich voll, quellen auf, platzen ab, stürzen auf die Fliehenden. Bröselnder Stuck begräbt die Partituren unter sich, die Beine des Tischs geben nach. In einem riesigen Kronleuchter bersten die Glühbirnen. Die Krabbe schwankt, unter ihr hebt und senkt sich der Boden, Blasen schlagend. Das Gewölbeorchester hat wieder eingesetzt.

Auch der Mann mit der Tasche sucht das Weite. Der Weg zum Ausgang ist versperrt, dafür flattert ein Teil der Wandtäfelung wie ein Vorhang zur Seite. Er schlüpft durch die Öffnung, sieht einen Gang vor sich, der schmal und niedrig in die Dunkelheit führt. An seinem Ende eine Holztreppe: Er eilt hinunter. Eine Windung, noch eine. Sein Keuchen überlagert das Knarren der Stufen. Bald wird es so finster, dass er sich an den Wänden entlang tasten muss. Hoch über ihm schwirrt das Lied der Krabbe: ferner Feueralarm. Die Wärme nimmt zu, ebenso die Feuchtigkeit der Luft.

Schließlich verstummt das Krabbengeheul. Tiefe Schwärze umhüllt ihn.

Er hat das Ende der Treppe erreicht. Da muss ein Zimmer sein, er kann Vorhänge riechen, Bettdecken, das Wachs erloschener Kerzen. Sogar einen Menschen nimmt er wahr, hört ihn atmen, hört den Flügelschlag von Lidern. Er wartet, lange. Nichts geschieht. Ihm ist warm. Vorsichtig setzt er seine Tasche ab, macht einen, zwei Schritte in die Dunkelheit hinein. Teppiche dämpfen seine Tritte.

Als sich Finger um seine Handgelenke schließen, fährt er leicht zusammen. So nahe schon? Seine Hände werden nach oben geführt, kommen auf nackter Haut zu liegen, auf den Brüsten einer Frau. Aus ihren Achseln weht es ihn an, da ist die Wärme eines Herzens, ein vertrauter Pulsschlag. Aber da ist auch eine Fremdheit unter seinen Fingerkuppen, etwas Raues, Zerklüftetes. Zwei Lippen pressen sich auf seine. Er erwidert den Kuss, während seine Hände langsam von der Brust sinken, über all die Schnitte und Gräben hinweg.

So still war es nie.

Urplötzlich gibt sie ihn frei. Licht flammt auf, das in den Augen schmerzt. Die Frau steht vor ihm, in schwarzer Hose, den Oberkörper entblößt. Ihr Anblick lässt ihn aufschreien. Die Beine versagen ihren Dienst, er bricht zusammen, beide Hände vors Gesicht schlagend.

»So pathetisch, Dmitri?«, hört er sie von weit oben fragen.

Er atmet nicht einmal.

»So pathetisch?« Sie lacht leise. »Du tust, als hättest du mich niemals nackt gesehen. Auch wenn ich nicht mehr zu den Jüngsten gehöre, brauche mich wegen meines Aussehens nicht zu schämen. Diese Narben sind Kleider für mich, eine zweite Haut. Schämen sollen sich die anderen. Die Schläger der GPU, die Folterer in den Kellern der Lubjanka. Es leben nicht mehr viele von ihnen. Aber ich lebe. Also steh auf.«

Sie geht zum Fenster, um die Vorhänge aufzuziehen und frische Luft hereinzulassen. Erst danach streift sie einen enganliegenden weißen Pullover über, der dem Unwissenden einen makellos glatten Busen vorgaukelt. Während sie den Tisch deckt, spricht sie weiter, mit ihrer tiefen, bronzenen Stimme.

»Bevor ich verhaftet wurde, las ich den Prawda-Artikel über dich. Über dich und alle aus euerer Zunft. Na also, dachte ich, nun ist die Reihe an euch: erst Schriftsteller und Maler, jetzt die Musiker. Stattdessen haben sie uns geholt, die Treuesten der Treuen. Wusstest du, dass ich schon mit vierzehn in die Partei eingetreten bin? Ein Leben für die Revolution, so hielt es meine Familie. Und nun gaben wir es für einen teigigen Georgier mit verkrüppeltem Arm. Niemand von uns konnte sich vorstellen, dass ausgerechnet er sich durchsetzen würde. Warum ist es nicht Jagoda geworden oder Jeschow? Sie waren genauso gierig wie er, genauso grausam. Aber sie haben ihn unterschätzt. Möchtest du einen Tee, Dmitri?«

Der Mann am Boden rührt sich nicht. Seine Tasche liegt abseits, mit aufgesprungenem Schloss.

»Dass sie meinen Mann liquidierten«, fährt die Frau fort, »war schlimm genug. Viel schlimmer aber war der Prozess, den sie ihm machten. Hast du einmal einen Menschen zerbrechen sehen? Richtiggehend auseinanderbrechen, in der Mitte seines Körpers? Wenn es so weit war, gab es diesen Menschen nicht mehr. Da war nur noch ein Tier, eine eklige, wimmernde Kreatur, die man sich mit Fußtritten vom Leib hielt. Für so einen war die Hinrichtung eine Erlösung. Auch für meinen Mann. Er hätte alles gestanden, um seine Familie zu retten. Und es nützte doch nichts. Mein Vater wurde erschossen, mich brachten sie nach Wladimir. Sieben Jahre war ich dort. Millionen starben im Krieg, aber wir Volksfeinde überlebten in unseren Gefängnissen. Manche zumindest.« Sie setzt sich an einen kleinen Tisch, auf dem sich die Speisen türmen. »Magst du Piroggen? Sie sind mit Ei und grünem Zwiebelkraut gemacht. Ich habe süß-sauren Kohlsalat, eingelegte Äpfel, Schinken, Wurst, Käse und etwas Fisch. Nachtisch ist auch da. Ein Stück Torte wirst du doch nehmen? Zier dich nicht so, Dmitri! Es bringt Unglück, alleine zu essen. Was sind das eigentlich für Orden in deiner Tasche?«

Immer noch keine Reaktion. Dem Liegenden ist die Brille halb von der Nase gerutscht.

»Als ich aus dem Gefängnis entlassen wurde, hatte ich Angst: Angst vor der Freiheit. Aber die nahmen sie mir rasch: fort mit dem Weib nach Sibirien! Nicht sieben Jahre, sondern zehn. Ich weiß bis heute nicht, warum sie mich damals nicht einfach erschossen. Eine mehr oder weniger, kam es darauf an? Wäre Stalin nicht gestorben, säße ich immer noch am Polarkreis, mit erfrorenen Füßen, ohne Zähne, von Läusen zerfressen, halb so schwer wie jetzt.« Sie beißt in eine Pirogge und wendet sich dem Liegenden zu. »Ich habe mir deine Musik auf Schallplatte besorgt, um sie durchzuhören. Alle Werke der vergangenen siebzehn Jahre. Ich muss einiges nachholen, das verstehst du doch? Leider gibt es Lücken. Manche Stücke sind nie eingespielt worden, von anderen wird nicht einmal geredet. Du sollst eine Sinfonie geschrieben haben, die vierte, glaube ich, über die weiß niemand etwas. Ich würde sie gerne einmal hören.«

»Ich auch«, flüstert der Mann.

»Die Piroggen sind gut, Dmitri.«

Endlich kommt Leben in den Körper zu ihren Füßen. Er stützt sich hoch, langsam, steht auf. Die Brille wird zurechtgerückt. Der rechte Arm, der kraftlos herabhängt, muss von der linken Hand geführt werden. Hinkend schlurft er zum Tisch und lässt sich auf einen Stuhl fallen. Auf ihr Angebot, sich zu bedienen, schüttelt er nur den Kopf.

»Du bist immer noch schön«, sagt er leise.

»Bitte?« Wieder lacht sie. »Hast du meine Brüste nicht gesehen? Eine Frau, die ein Jahrzehnt in Sibirien zugebracht hat, ist keine Frau mehr. Nein, Dmitri, sag nichts. Spar dir dein Mitleid für andere auf. Was nützt es zu jammern? Ich habe mich für meinen Weg entschieden, wohlwissend, dass es Hindernisse geben wird. Die gibt es immer, wenn man ein Ziel hat. Wusstest du, dass ich als junges Ding das Grab von Marx auf dem Londoner Highgate-Friedhof säuberte? So etwas verpflichtet. Wozu habe ich sonst im Bürgerkrieg gekämpft, habe zu meinem Mann gehalten, habe Gefängnis und Lager überlebt? Meine Unversehrtheit konnten sie mir nehmen, meine Überzeugungen nicht.«

»Du denkst nicht an Ausreise? Trotz allem?«

»Ich bitte dich! Was soll eine wie ich im Ausland? Es gibt hier noch so viel zu tun. Heute mehr denn je.« Sie schneidet eine Scheibe gekochten Schinken ab. »Hör mal,

Dmitri, falls du mit diesem Gedanken spielen solltest: Meinst du wirklich, du wärst im Westen glücklicher? Wo du unter den Bedingungen des Kapitals schreiben müsstest? Wenn es stimmt, was über deine Vierte gesagt wird, hätte sie auch dort keine Chance, glaub mir. Denk an die Amerikaner: Solange Krieg herrschte, warst du ihr antifaschistischer Vorzeigekünstler, jetzt verachten sie dich als Staatskomponisten.«

»Und deine Narben?«

»Sind Narben. Nicht mehr und nicht weniger. Warum soll ich wegen der Übeltaten eines einzigen Menschen meine Überzeugungen über Bord werfen?«

Schweigend sieht er ihr zu, wie sie von dem Kohl nimmt, den Fisch zerteilt. Ein Glas Tee dampft vor sich hin. Er hat keinen Appetit. Sein Blick fällt auf die Tasche mit den Orden. Er steht auf, bückt sich, entnimmt ihr die Medaillen und wirft sie aus dem Fenster, alle fünf.

»Das Geld, das sie mir dafür gaben«, sagt er, »habe ich nicht behalten. Ich habe es verschenkt. Es war so unermesslich viel, und andere hatten es nötiger als ich.«

»Warum tust du das? Schämst du dich für deine Musik?«

»Nein. Aber dafür.« Er zeigt aus dem Fenster. »Ich weiß, es ist sinnlos. Es ist sinnlos, weil du unrecht hast, Galina. Leider. Es waren nicht die Übeltaten eines einzigen. Es gab viele Stalins unter uns, viele kleine Krabben, und es gibt sie immer noch. Dass auf diesen Medaillen nur sein Bild zu sehen ist, sagt nichts. Der Spuk ist nicht vorüber. Wenn ich daran denke, kann ich keinen Ton mehr schreiben.«

»Gerade dann solltest du schreiben, Dmitri. Gerade dann.«

»Ja, vielleicht.« Er kehrt ihr den Rücken zu, schaut hinaus in den diesigen Moskauer Nachmittag. Das Häusermeer wird vom klobigen Bau des Außenministeriums überragt, dahinter zerschneidet das »Ukraina«, ein Riesenhotel, den Himmel. Im Südwesten sind die Sperlingsberge, Leninberge nur schemenhaft zu erkennen, mit ihrem dummen, großspurigen Universitätskomplex. »Vielleicht«, wiederholt er leise. »Trotzdem hast du unrecht, Galina. In bezug auf Stalin und auf dich. Du bist nämlich immer noch eine schöne Frau.«

Keine Antwort. Die Vorhänge bewegen sich leicht. Um die Augen des Mannes zuckt es, seine Hand greift nach der anderen, um sie zu sich heranzuziehen, zum Bauch, in die Nähe des Körpers. Stille.

Ruckartig fährt er herum. Eine Frau steht mitten in dem verlassenen Zimmer, neben dem Tisch mit den Resten des Mahls, den angegessenen Piroggen, der Schüssel Kohlsalat, der auseinanderfließenden Torte. Die Frau ist korpulent, trägt Uniform und ein Hütchen im kurzgeschnittenen Haar. Mit einer unwirschen Geste reicht sie ihm die fünf Orden.

»Hören Sie, ich weiß nicht, ob es dazu bereits einen Beschluss der Abteilung gibt, aber ich kann mir beim besten Willen nicht vorstellen, dass es erlaubt ist, solche Dinge aus dem Fenster zu werfen. Auch nicht in diesen Zeiten.«

Der Mann nickt.

*

Ich schwimme.

Ziehe langsam, mit eckigen Bewegungen, meine Bahn. Den Kopf oben halten, mühsam. In meinem Rücken verwischt jede Spur meines Körpers. So schnell schließt keine Wunde, wie das Wasser über dem Schwimmer zusammenschlägt. Wo ich eben noch war, zittern die Moleküle: sanfter Wellengang als verplätschernde Erinnerung. Unerheblich in der Weite des Beckens, in seiner anthrazitnen Stille. Unerheblich wie der Mensch.

Was könnte erheblich sein in diesen Zeiten? Musik, vielleicht. Meine Musik? Das liegt an euch. Wenn sie euch über ist: weg damit! Zerschlagt die Platten, verbrennt die Noten. So wie ich meine Briefe verbrannt habe, die an meine Frau, an meine Mutter. Ich bin unerheblich. Ein Schwimmer, von dem das Wasser nichts weiß.

Aber das Emblem des Mörders unter mir! Sein Gesicht mit den stählernen Zügen, eingesenkt in den Betongrund seines Größenwahns. Wenn ihr ein Ohr unter Wasser haltet, könnt ihr die Krabbenpanzerplatten knirschen hören. Vielleicht höre nur ich sie, vielleicht sehe nur ich ihn dort unten, den Hässlichsten aller Menschen. Ich kann nicht vergessen, wie sie dir die Kinder der Liquidierten auf den Arm reichten. Die Brut der Volksfeinde, mit ihrem Waisenlächeln über dem sauberen Hemdkragen. Als du ihnen in die Wange kniffst, brüllte die Erde im fernen Sibirien. Zumindest hoffe ich, dass sie es tat. Einer muss doch geschrieen haben ob dieses Unrechts. Wenigstens einer.

Eine letzte Bahn noch, dann verlasse ich dich. Gehe meiner Wege, irgendwohin, während du bleibst und grollst und empor starrst. Und was siehst du? Bäuche und Beine, eine behaarte Brust, verrutschte Badehosen: die blasse Schauseite verletzlicher Körper. Was Untertan war, tanzt dir jetzt auf dem Gesicht herum. Du hast es nicht anders verdient.

Der Beckenrand. Ich bin angekommen. Zeit zum Durchatmen. Ich lege beide Unterarme auf die grobporige Begrenzung und warte. Worauf? Schritte nähern sich. Ein aschgrau gewandeter Mann, dem die Badegäste wie von unsichtbarer Hand choreographiert ausweichen. Jetzt hat er mich erreicht, steht das Paar schwarzer Schuhe direkt vor mir, auf Augenhöhe.

»Genosse Schostakowitsch?«

»Das bin ich.«

»Ich darf Ihnen mitteilen, dass Sie heute Morgen zum Vorsitzenden des russischen Komponistenverbandes ernannt wurden. Herzlichen Glückwunsch!«

Meine Blicke folgen dem Verlauf der Schnürsenkel in seinen Schuhen. Hoch über uns, in der Kuppel der gesprengten Christi-Erlöser-Kathedrale, läutet es Sturm.

»Danke«, sage ich. »Eine große Ehre für mich. Eine sehr große Ehre.«

»Da Sie dieses Amt nur als Mitglied der KPdSU wahrnehmen können, hat die Partei beschlossen, Sie als Kandidat in ihre Reihen aufzunehmen. Die Meldung wird bereits über unsere Nachrichtenagentur verbreitet.«

»Ich soll ... ich muss Parteimitglied werden?«

»Noch einmal: herzlichen Glückwunsch!« Er reicht mir eine Hand und zieht mich, als sei ich ein Nichts, aus dem Wasser.

Senn. Criminalerzählung

Zwischen Stühlen und Fronten – 1813

Bunter geschmückt als in Tyrol
findest Du nirgends die ländlichen Hütten ...

Später wird es heißen, er sei an Nervenfieber gestorben. Zuhause im Bett, umtrauert von den Seinen. Ein friedlicher, ein wahrer Gnaden-Tod.

Und das glaubt ihr?

Ein solcher Mann, ich sage es euch, stirbt nicht im eigenen Bett. Er nicht, undenkbar! Ich werde es doch wissen, ich war gewissermaßen dabei, als der große Franz Michael Senn ermordet wurde, abgeschlachtet in einer eiskalten Februarnacht. Aber ja, es war nicht weit vom Schottenstift, spät am Abend, in einer der dunkelsten Gassen Wiens. Senn kommt um die Ecke, allein, den Kopf gesenkt, tiefe Falten im gelben Gesicht, er eilt – wohin? Das konnte man bei ihm nie wissen. In dem engen Durchgang drückt er sich an zwei jungen Burschen vorbei, als der eine blitzschnell hinter ihn tritt und ihn um den Oberkörper fasst. Ein Tscheche oder Kroate, ganz bestimmt war es einer von der Sorte. Ich werde doch ihre Flüche gehört haben, ihre Kommandos! Dem Senn presst er beide Arme gegen den Leib, dass der sich nicht mehr rühren kann, und da blitzt auch schon das Messer des anderen Burschen auf. Ein Stich in den Magen, ein zweiter, noch einer. Der Mörder keucht vor Erregung, sein Spießgeselle presst, was er pressen kann. Und der Senn? Dem haut es die Beine weg vor Schmerz. Er wird losgelassen, klappt zusammen, die nächsten Stöße treffen ihn im Hals, dass das Blut hoch aufspritzt, und jetzt flucht sein Mörder, denn seine Hand ist nass, sein Mantel rot getränkt. Mit dem Blut eines Großen.

Da liegt er, nur noch seine Hand bewegt sich, kratzt hilflos über den gefrorenen Grund. Und sein Herz, dieses starke Tirolerherz: Es pumpt Senns Blut aus dem Leck in seinem Hals, immer weniger, immer schwächer. Jetzt ist es aus. Die Gasse totenstill.

Dies geschah am 20. Februar 1813. Glaubt mir.

Auf den Tag genau drei Jahre nach dem Mord an Andreas Hofer, dem Sandwirt aus dem Passeiertal. Auf den Tag genau dreiundzwanzig Jahre nach dem Tod von Kaiser Joseph.

Ihr verfluchten Henkersknechte! Wisst ihr denn, wen ihr da getötet habt? Einen Mann, der eure Freiheit verteidigte! Der die Tiroler gegen Napoleon führte, als ganz Österreich in Betäubung lag! Den Landrichter von Pfunds, Hofers Weggefährten. Hofer ist tot, verraten, aber Senn konnte fliehen, nach Wien, an den verhassten Kaiserhof, wo man die Aufständischen noch mehr fürchtete als den gemeinsamen Feind. Wer hat euch bezahlt für diesen Mord? Die Franzosen? Die Bayern, ihre Verbündeten? Seid ihr der hiesigen Geheimpolizei ins Netz gegangen bei einer Schurkerei, dass sie euch vor die Wahl stellte: ihr oder der Landrichter? Steckt am Ende gar der Kaiser ... oder Metternich, seine rechte Hand? Ja, schweigt nur, ihr Gesindel! Senns Blut könnt ihr euch aus dem Gesicht waschen, eure Schande nie. Zu Handlangern der Politik habt ihr euch machen lassen, für einen Judaslohn!

Und nun wird so manch einer in der Stadt aufatmen, wird drei Kreuze schlagen, dass der hitzige Tiroler fort ist, wird nicht wissen wollen, wie und warum. Aber seine Familie! Sind die Kinder nicht schon gestraft genug? Haben ihre Mutter an den Inn verloren und nun den Vater an die Politik. Vier Kinder, das jüngste zwölf Jahr alt, dazu die beiden Kleinen aus zweiter Ehe. Wie soll die Stiefmutter diese Last schultern? Jetzt muss der Große ran, Johann, der berühmteste Schüler des Konvikts, der sich unsterblich gemacht hat mit seinem Lied über den Tiroler Adler.

Adler, Tiroler Adler! Warum bist du so rot?

Vier Jahre ist das her, vier lange, lähmende Jahre. Vielleicht singt es nun wieder einer, wenn er den Senn da liegen sieht in seinem Blut, den Schützenhauptmann aus den Bergen.

*

Ein biederes, treuherziges Volk,
das fest an Gott und dem Kaiser hängt –
es verwehrte den Franzosen
das Eindringen in seine Gebirge …

Feinde?

Feinde hatte dieser Mann für zwei Leben. Bayern und Franzosen, die sein Land überschwemmten. Das Haus Habsburg, das mit Menschen schacherte. Die Adligen, denen er Bauerntrotz und Verfassungstreue entgegenschleuderte. Aber, es muss gesagt werden, auch seine eigenen Leute, denen er mit Vernunft kam, als die Vernunft keine Heimstatt mehr hatte im Lande Tirol. Zu viele Stühle, zwischen denen es sich hart saß. Zu viele Missgünstige, denen der Senn ein Dorn im Auge war: der Erzpatriot, der schwarzgallige Jakobiner, der Unruhestifter, Aufrührer, Aufwühler, Volkskundler.

Nach Wien kam er als Gescheiterter. Das Schicksalsjahr 1809: Er kam zu uns, wie andere nach Canossa gehen. Die ganze Stadt ein goldener Käfig, jeder Sonnenstrahl, der sich in den Fenstern der Hofburg brach, eine bittere Lüge. Eben dort, in der Burg, trieben sie ihren Spaß mit dem Tiroler, setzten ihm die Narrenkappe der Erhebung auf, machten einen Helden aus ihm, einen Frontkämpfer und zuletzt: einen Magistratsrat.

Wie man sich einen Panther an der Kette hält.

Aber das Salz in den Tiroler Wunden brannte. Oben in den Bergen wurde noch immer gekämpft, wurde erneut gekämpft, je vergeblicher, desto mehr. Den Hofer trieben die eigenen Genossen zur Schlacht, auf dass er einen guten Märtyrer abgäbe. Und wenn nun einer, sagen wir der Senn, von Kapitulation sprach, von Verhandlungen, von der Realität, die man anerkennen müsse? Für Realisten gibt es im Krieg nur einen Ort: den Baum. Wer sich Nullneun auf den Boden der Tatsachen stellte, fand sich rasch am welken Ast der Utopien wieder. Vorzugsweise im Herbst der Erhebung.

Anschließend wurde gebetet. In Tirol verbringen sie mehr Zeit mit Beten als mit Schlafen. Weil sie keine Freiheit kennen, verharren sie in Unmündigkeit, und weil sie unmündig sind, wissen sie nicht, was Freiheit ist.

Auch in Wien hat die Freiheit Hausverbot, aber man weiß darum. Jeder weiß es – und amüsiert sich dennoch. Lächelt über den Knebel hinweg, gibt sich zynisch und aufgeklärt. Wenn Mademoiselle Freiheit nach Wien käm, wüsst man schon, was mit ihr anfangen, gell? Warten: auch eine Tugend. Tanzen wir so lange. Die Musikvergessenheitsmühle wird's richten. Im Magazin der Hofburg lassen sich interessierte Herrschaften den Schädel Hebenstreits, des ersten Kommunisten, zeigen. Der Staatsbankrott: lange her. Selbst die Arbeitslosigkeit schmilzt unter der Sonne des neuen Kaisertums, seit die Geheimpolizei alles rekrutiert, was gewaschene Ohrmuscheln hat.

Nun also Wien, ausgerechnet. Mehr als einmal hat Senn die Krone brüskiert, hat ihr Ansehen mit Füßen getreten. Warf ihr Verrat vor, Verrat an Tirol. Der

Kaiser: ein Wortbrüchiger. Die Regierung: ein Fähnchen im napoleonischen Wind. Der Adelsstand: korrupt und eigensüchtig. Wenn der Senn in Versammlungen aufstand, brach den Mächtigen der Schweiß aus. Er sprach von Tirol und meinte: die Verfassung. Recht, Gesetz, Ordnung, Freiheit – so buchstabierten sich die Himmelsrichtungen seines Vaterlands, das höher ragte als jeder Alpengipfel. Von dort oben schienen ihm alle gleich: Franzosen, Bayern, Österreicher. Menschen. Vielleicht ließen sie sich gegeneinander ausspielen? Erst bekämpfte er die neuen Herren aus München, dann verhandelte er mit ihnen. Seine Flucht in die Schweiz, sein Wüten gegen Wien: *So musste also das arme Tirol von der schändlichen österreichischen Politik bis auf den letzten Augenblick geprellt, belogen und betrogen werden.* Weshalb du, Kaiser, für die Kriegsschäden aufzukommen hast: *Ein Hof, der ein ihm so ergebenes Volk so zu missbrauchen verstand, soll zahlen.*

Für den Krieg zahlten andere. Die Tiroler Witwen, ihre Kinder, die ungemolkenen Kühe. Die Schützen, die im sinnlosen Herbst des Aufstands fielen. Und Senn selbst. Als seine Landsleute den letzten Blutzoll entrichteten, strich er längst durch Wien.

Ein Geschlagener, verarmt und heimatlos.

*

*… indem es die Kräfte der Vaterlandsliebe
gegen die der neuen Freiheit aufwog.*
August von Kotzebue

Ist Freiheit ansteckend?

Manchmal stelle ich mir vor, sie hätten sich an Senns schwärendem Leichnam infiziert. Alle! Die Wiener Jugend, die sich gegen Napoleon zusammenschließt. Der Hofdramaturg Theodor Körner, der dem Lützowschen Geisterheer beitritt. Die Studenten von Prag, Breslau, Dresden. In Tübingen der Theologe Karl Sand: *dem Tod geweiht.* In Berlin der Dichter Wilhelm Müller, der den reimlosen Waffenrock überzieht. Und all dies in jenem von Freiheitskeimen fiebrigen Frühjahr 1813, als die Franzosen ein geschlagenes Heer waren. Als der bleiche Kaiser Franz, Schwiegervater des Korsen, jeden Winkel der Wiener Burg mit Weihwasser besprengen ließ, um den Gottseibeiuns der Freiheit auszutreiben, und seine Tränensäcke hingen schwer.

Aber da war das Fieber nicht mehr einzudämmen, das Nervenfieber, das von einer stillen Gasse der Inneren Stadt seinen Ausgang nahm, ein Infektionsherd, wie ihn noch kein Wiener Medizinalrat erlebt hatte. Und sie rätselten, die Gelehrten: Was ist mit den jungen Leuten los? Welcher böse Geist hat sie ergriffen, schüttelt sie, bringt ihr Blut in Wallung? Lässt sie phantasieren, von der Welt, der besseren? – Und sie kurierten, kühlten, besänftigten, schröpften, schnitten, reichten die letzte Ölung, allein der kranken Jugend gereichte nichts zur Besserung.

Selbst die Jüngsten sind vom allgemeinen Wahn ergriffen. Im städtischen Konvikt neben der Jesuitenkirche randalieren die Schüler: Bacher, einer der Ihren, wegen Unbotmäßigkeit zu Arrest verurteilt, soll gewaltsam befreit werden. Allons, enfants! Ein Sturm auf die kaiserliche Bastille, mit bloßen Händen und trutziger Stirn! Und ihr Anführer: Senn, Johann. Ein Jüngling noch, Vollwaise, aber bereits so großlodernd wie sein Vater.

Er soll sich entschuldigen, Reue zeigen. Sein Stipendium wird er doch nicht aufs Spiel setzen, bedürftig wie er ist.

Er entschuldigt sich nicht.

Man muss ihn von der Anstalt weisen.

Verhör des Franz Peter S., Schulgehilfen aus der Roßau, im März 1820. Erster Teil

Ihr vollständiger Name?

Schubert, Franz Peter.

Geboren?

Am 31. Jänner 1797 in Liechtenthal.

Familienstand und Beruf?

Ledig – noch. Bin Lehrer in der Roßau, an der Schule meines Vaters.

Sonst nichts? Keine andere Profession?

Ich komponiere.

In der Tat, so steht es in den Akten. Derzeitige Wohnung?

Hab keine.

Ach. Und wo nächtigen Sie? Auf der Straße?

Bei einem Kollegen, zur Untermiete. Mayrhofer, Johann. Die Adresse lautet Innere Stadt Nr. 420.

Mayrhofer? Gehört der nicht auch zu diesen dichtenden Feuerköpfen?

Er ist Zensor.

Viele unserer Zensoren dichten. Wir haben die besten Leute in diesen Positionen. Sie müssen ja eine Ahnung haben von dem, was sie beurteilen. Richtig?

Wenn Sie es sagen, Herr Commissär.

Kohlen, glühend – 1814/15

Der Lord Außenminister tanzt.

Es ist still im Palais am Wiener Minoritenplatz, bleierner Morgen, ein tiefes Atemholen vor den lärmenden Vergnügungen, dem Pflichtprogramm der Gekrönten. In den Vorstädten wird die Limonade abgefüllt, das Fruchteis geschlagen. Erdbeeren aus Petersburger Gewächshäusern warten mit schwellender Haut auf den Biss der Regenten. Grabennymphen waschen im ersten Licht ihr Allerheiligstes aus. Die schöne Fürstin Bagration badet in Kastanienmilch. Und Lady Castlereagh wälzt sich schnarchend in einem Wiener Bett, dass die Kissen unter ihrem kantigen Körper stöhnen.

Ihr Mann aber tanzt. Tanzt in aller Stille, mit kleinem, gespitztem Mund und ausgestülptem Hintern. Ein Erpel, der seinen Britenbürzel gegen die Tische stößt, bis die Landkarten Europas verrutschen und die Nationen ineinander purzeln. Was für ein Gewatschel! So unbeholfen über die Völker des Kontinents hinweg, dass man Mitleid haben möchte mit dem gepuderten, rasierten Lord.

Er hasst sie ja, die Ausflüge und Bälle, möchte lieber verhandeln um jeden Grenzmeter, jede Seemeile, er ist der Einzige, dem ein gewähltes Parlament im Rücken sitzt, ein Unterhaus, ein Oberhaus, die öffentliche Meinung, der Chor der Zeitungen, die Schmähungen eines Byron, er ist der Einzige in ganz Wien, der Ergebnisse liefern muss. Der Zar hat seine Huren, der Preußenkönig seine Feuerwerke, Talleyrand seine Musik und der Kaiser seine Spitzel. Von 8000 Kerzen tropft das Wachs, wenn sich die Paare in der Hofburg zum Tanz formieren, die Estraden sind in Samt geschlagen, künstliche Orangenhaine wuchern durch die Säle. Luftschiffer und Artisten im Augarten, Andreas Hofers Sohn als Armbrustschütze, vielbestaunt, Kunstreiter und Rennpferde, dazu das Brandenburger Tor in wahrhaft künstlicher Nachbildung. Eine Tausendschaft von Musikern gibt das Oratorium von Samson, dem Riesen, dann stemmen vierzig Pianisten zwanzig Klaviere, durch die Spanische Hofreitschule brandet ein Meer von Schmuck, auf deren Schaumkronen die sechzehn behengsteten Damen des Hochadels eine Quadrille reiten, Sarazenenköpfe werden auf ritterliche Lanzen gespießt, man paart sich, ficht und spaltet, anschließend soupiert man, eilt ins Burgtheater, geht zur Jagd, die Wildschweine türmen sich zu einem schwarzen Berg, selbst ein Beethoven unterhält trefflich, unterhält trotz seines Rufs, man ist beim Botschafter geladen, man tanzt, frisst, trinkt, es folgt une Schlittage, eine Schlittenpartie unter Fackellicht, jedes Pferd in Tigerfelle gehüllt, Trompetenstöße bahnen den Weg, auch auf Eis lässt sich tanzen, während sich die Zukunft Polens im Schneetreiben von Schönbrunn verliert, man speist, man liebt, gerne auch zwei Diplomaten gleichzeitig, wie die Herzogin von Sagan, von der Geheimpolizei protokolliert, Fürst Rasumowskys Palast geht in Flammen auf, zwei Schornsteinfeger verglühen wie die Fliegen im Feuer, dem fetten Monster aus Württemberg sägt man eine Rundung in den Tisch, Punsch und Champagner, im Feldgottesdienst: Ergriffenheit, Requiem für den guillotinierten Louis, man tanzt, Europa steht, alles tanzt.

Der Lord aber tanzt für sich.

In seinen Händen ein Stuhl aus der Fabrik des Joseph Dannhauser. Ein Stuhl als Partner, keine Frau, schon gar nicht seine Frau, dieser gebleichte Inselstecken. Auf dem Graben ist sie das Gespött der Wiener mit ihrem Pferdegebiss und den spitzen Schulterblättern. Sollte sie Humor besitzen? Beim Maskenball trug sie den Hosenbandorden ihres Gatten im Haar. Eine Travestie, zischte das gekrönte Publikum, der Kongress auf den Kopf gestellt! Sie lässt den Lord tanzen, allein, mit einem Stuhl, linkisch, er übt, aber er macht keine Fortschritte. Zuhause in London wollen sie Erfolge sehen, und er ist zum Tanzen verdammt.

Wie das Mädchen aus dem Märchen, das auf glühenden Kohlen tanzte, bis es starb.

Verhör des Franz Peter S., März 1820. Fortsetzung

Schulgehilfe sind Sie also. Hilfslehrer. Was verdienen Sie, wenn man fragen darf?

Achtzig Gulden.

Im Monat?

Im Jahr.

Im Jahr? Und das reicht zum Leben?

Man lebt.

Soso. Man lebt. Nun wäre anzunehmen, dass ein Hilfslehrer sich auch in Hilfslehrerkreisen bewegt. Was Sie nicht tun.

Nein?

Ihr Umgang besteht aus Studenten. Juristen, Malern, Schriftstellern.

Und?

Was hat ein Hilfslehrer wie Sie mit Studenten zu schaffen?

Es sind meine Freunde.

Freunde?

Ich kenne sie aus meiner Zeit im Konvikt. Hin und wieder treffen wir uns, um zu musizieren.

Und um über Politik zu sprechen.

Nein!

Sie lügen. Das bisschen Musik, das in Ihren Kreisen fabriziert wird, dient als Deckmantel. Bei Ihren Zusammenkünften geht es immer um Politik, Herr Schubert! Um die Unterwanderung der Gesellschaft. In unserem Archiv stapeln sich Zeitschriften, herausgegeben von den Brüdern Spaun, Ihren Busenfreunden, für die es nur ein Wort gibt: Demagogie. Oder warum, glauben Sie, mussten wir im vergangenen Jahr Ihren Klub verbieten, diese – wie nannte sie sich? – Gesellschaft zur Verbreitung menschlichen Unsinns.

Das waren harmlose Späße, Herr Commissär. Wie der Name schon sagt. Zerstreuungen, ein wenig Zeitvertreib.

Harmlos? Was harmlos ist, bestimmen wir. Hier, bitte: Dokumente aus Ihrer Vereinigung, Zeichnungen und Manuskripte. Was sehen Sie? Widernatürliches, grelle Perversionen. Männer posieren in Frauenkleidern, man wühlt in Fäkalien, preist das Triebleben. Der Blick in menschliche Abgründe. Geschlechtsteile, baumstark. Würden Sie diese Blätter als harmlos bezeichnen? Oh, das ist Ihnen wohl peinlich? Zu recht, Herr Schubert, völlig zu recht. Wir sind informiert über Ihr Treiben. Wir wissen alles über die Rituale Ihrer Gesellschaft, über Ihre Schamanenreigen und Fruchtbarkeitstänze. Was sagen Sie nun, Herr Tonsetzer?

Ich verstehe nicht, was das mit Politik zu tun haben soll.

Ja, weil für Sie Politik nichts mit Moral zu tun hat! Das ist Ihr Fehler, Herr Schubert, und der Ihrer Freunde. Nur deshalb gibt es Institutionen wie unsere Polizei, die Zensur, die Gerichte: um die Moral zu schützen, die in den wirren Fantasien der jungen Generation keinen Platz hat. Ich kenne Ihre Musik nicht, Herr Schubert, aber wenn sie so amoralisch ist wie Ihr Treiben, dann sollte man sie verbieten.

Ein Kämpfer – 1816

Späte Schneeschmelze. Die Wiener Vorstädte versinken im Schlamm. Gepflasterte Straßen sind von jeher Vorrecht der Inneren Stadt, ihr Echsenpanzer, während sich die erdige Haut jenseits der Wälle vollsaugt, aufquillt, ins Fließen kommt. Kniehoch steht der Kot auf der Chaussee nach Pressburg, Kutschen bleiben stecken, die Knochensammler kehren schimpfend um.

Und da, im Vorort Landstraße, nicht weit von der Klavierbaufirma Streicher, begegnen sich zwei, die denselben Dialekt sprechen, die im Schatten der Berge aufgewachsen sind. Kein noch so frischer Windstoß wischt ihnen die Überraschung von den Zügen. *Schau her, der Hannes …! Ja, kennst mia epper nimmer? Woaßt nit, wer i bin?* Aber gewiss doch, man erkennt sich, über die Generationengrenze hinweg, schließt sich in die Arme, kurz nur, denn im siebten Jahr nach der Erhebung weiß keiner vom anderen, was er denkt.

Trotzdem kommt der alte Rapp sofort ins Erzählen, Schwärmen, er kann nicht anders, packt den Jüngeren beim Arm: Ist das Land nicht wieder frei? Hat sich der Aufstand also doch gelohnt! Schau, Hannes, wenn das dein Vater noch … – Er zerrt den anderen in eine Kneipe, nur ein paar Schritte weiter, und unter seinen erinnernden Gesten verwandelt sich die schmatzende Chaussee in ein Alpental, das nach frischem Heu duftet, nach Frühling, du musst dir das vorstellen, Hannes, ruft er, wie wir drei schwere Wagen, beladen mit Heu, nebeneinander herschoben, er zeigt ihre Breite an, die Höhe, zu der die Ladung getürmt worden ist, wahrlich eine Wand aus Heu! Eine Wand, jawohl, hinter der sich ein Häufchen bewaffneter Tiroler verbirgt, mit dem runden Hut und den wilden Bärten, unter ihnen zwei Frauen, starke, hässliche Weiber, und nun voran mit den Wagen, auf den Feind zu!

Gleich neben dem Hofer stand ich, ruft der alte Rapp und hält die Tür des Beisl auf. Schulter an Schulter! Da mochten die Bayern feuern, so viel sie wollten. Bloß Heutreffer landeten sie. Aber wir! Zwölf Kanoniere haben wir ihnen genommen. *Bloach gemacht.* Und dann waren sie fällig, ihre ganze Stellung, einfach überrannt haben wir sie.

Ja, überrannt haben sie die verhassten Besatzer, vertrieben bis nach Mittenwald, Murnau und Weilheim: Bauern aus dem Inntal, aus Imst und Nauders, Landeck und Fulpmes. Doch was sollten sie dort in den Städten, in der Ebene, wo es geordneter Heere bedarf und der Übersicht eines Feldherrn? Also zogen sie sich wieder zurück in die Berge, um ihre Heimat zu verteidigen, ihren Gott und die Vergangenheit. Auf dass alles so sei wie vor der Okkupation.

Selbst den Namen hatten sie uns genommen! Südbayern nannten sie uns. Tirol ein Wurmfortsatz, eine Afterkolonie!

Aber die Rache kam, sie kam in Gestalt der Schlachten am Berg Isel, der Triumphe an der Mühlbacher Klause und bei der Zillerbrücke. An alles erinnert sich der alte

Rapp, ist selbst vor Ort gewesen, hat eigenhändig die Stutzen geladen. Er lässt hier, im Gasthof auf der Landstraße, Heldenmut und Todesverachtung von 1809 wiederauferstehen. Ja, er war Zeuge, wie sich die Tiroler Bauern barfuß und mit schlechten Waffen auf den Feind gestürzt haben, auf Bayern, Sachsen, Württemberger, Franzosen, Italiener, hat die Verschanzungen am Steilhang gesehen, die aufgetürmten Steinlawinen und die Rinnen im Berg, durch die Felsbrocken ins Tal geschickt wurden. Und natürlich weiß er von den niedergebrannten Dörfern im Unterinntal, von den plündernden Bayern und dem Massaker in Schwaz.

Diese Teufel, schüttelt er den Kopf. Diese französischen Teufel! Ihre Revolution hat sie alle zu Wilden gemacht.

Schweigend winkt der junge Senn nach einer Bouteille Wein. Was, wenn diese Menschen schon vorher Wilde gewesen wären und die Revolution es nur ans Tageslicht gebracht hätte? Auch unter den Tirolern hat es Vergeltungen gegeben, rannten die Juden und Protestanten von Innsbruck um ihr Leben.

Wie schade, dass dein Vater unseren Sieg nicht mehr …, murmelt der Alte. Lass uns auf sein Wohl trinken, Hannes!

Der Sohn dreht das leere Glas in den Händen. Auf das Wohl eines Verräters?

Wie bitte? Was sagst du?

Es war eine Frage.

Ja, aber wie ist sie gemeint?

Der Wein kommt, wird ausgeschenkt: Du brauchst

keine Rücksicht auf mich zu nehmen, Rapp. Ich weiß, was sie in Tirol über meinen Vater reden. Und ich kann mir ausmalen, wie sich die Historiker ereifern werden, wenn sie unserem Kampf einst einen Goldrahmen setzen. Mein Vater hat die Massen aufgehetzt, und als es ihm zu heiß wurde, machte er sich aus dem Staub.

Du irrst dich, Hannes, flüstert der alte Rapp beschwörend. Seine Hand schnellt über den Tisch und krallt sich um den Arm des Jungen. Dein Vater ist kein Verräter. Er hat sein Leben für unser Land eingesetzt, seine Stellung, alles, was er besaß. Das weiß jeder. Ist er nicht ausgezeichnet worden? Hat man ihn nicht zum Magistratsrat ernannt?

Hör auf. Diese Ernennung galt nicht ihm, sondern seiner Einsicht, dass der Kampf verloren war. Der Kaiser hatte sich mit Napoleon arrangiert, da kamen ihm ein paar Vorzeigetiroler, die dem Widerstand abschworen, gerade recht. Hofer, Speckbacher und Mayr kämpften noch immer, also blieb nur mein Vater. Du weißt, dass er schon im Sommer mit den Bayern verhandelte.

Er hielt die Sache für verloren. Das ist verständlich.

Und warum hielt er sie für verloren? Warum, Rapp? Weil der Kaiser Tirol im Stich gelassen hatte, darum.

Nicht so laut, Hannes!, rauft sich der alte Rapp das Haar. Du redest dich um Kopf und Kragen.

So, wie sich mein Vater um Kopf und Kragen schrieb? Du kennst den Brief, den er Hofer schickte: *Uns ist nicht einmal das gehalten worden, was man uns öffentlich so heilig und feierlich versprochen hatte! Am Ende sahen wir uns zum*

Lohne für unsere Treue von allen Prinzen, allen Generalen und allen Truppen treulos verlassen. Wien hatte Tirol verraten, so sah es mein Vater, und nur deshalb gab er den Kampf auf. Hatte er unrecht? Dann war er es, der Verrat beging. Der Kaiser oder mein Vater: Für einen musst du dich entscheiden, Rapp. Beides zusammen geht nicht.

Du irrst dich, Junge. Glaub mir, du irrst dich!

Tut mir leid, alter Freund. Mein Vater und Wien, das passte noch nie zusammen. Denk an seine Eingaben, seine Proteste, seine Streitschriften. Er wollte ein anderes Tirol, ein anderes Österreich. Er wollte eine Verfassung. Dass Napoleon vor sieben Jahren allen Hass auf sich zog, war ein Zufallsmoment der Geschichte. Dieser Moment hat Tiroler und Österreicher, Monarchisten und Demokraten für einen winzigen Augenblick zusammengeschweißt. Auch mit Hofer hatte mein Vater nichts zu schaffen. Hofer, das war Rückschau, Herz-Jesu-Frömmigkeit und Eifer; meinem Vater ging es um Gerechtigkeit. Vor allem wollte er vermeiden, dass so viele Unschuldige leiden mussten. Deswegen gehört er jetzt nicht zu den Märtyrern, sondern zu den Verrätern.

Wenn man dich so reden hört, Hannes, der alte Rapp schüttelt verwirrt den Kopf, wenn man dich so hört, kommen einem Zweifel, ob das noch der Mann ist, der den »Tiroler Adler« schrieb.

Ich war kein Mann damals. Ich war vierzehn.

Aber jedes Wort saß! Jede Zeile ein Treffer! *Adler, Tiroler Adler! Warum bist du so rot? Von Feindesblute rot – darum bin ich so rot.* Gilt das nicht mehr, Junge?

Es gilt. Nur frage ich mich inzwischen, wer unser Feind war. Ob wir gegen die Richtigen gekämpft haben.

Verhör des Franz Peter S., März 1820. Fortsetzung

Einmal ganz unter uns, Herr Schubert: Sie interessieren sich doch nicht wirklich für Politik?

Kaum.

Sondern eher gezwungenermaßen, als Teil dieser anrüchigen Zirkel. Ich versteh das. Sie sagten vorhin, dass Sie komponieren. Der Herr Schubert ist also ein Künstler. Künstler haben mit Politik nichts zu schaffen, oder? Sie müssen sich auf ihre Kunst konzentrieren, da lenkt alles andere nur ab. Stimmen Sie mir zu?

Ich denk schon.

Andererseits: Wenn sich die Gelegenheit bietet, herausragende Ereignisse unserer Epoche in Wort und Ton zu feiern – welcher Künstler wollte da zurückstehen? Den Sieg über die napoleonische Hydra haben alle unsere vaterländischen Komponisten besungen, ohne Ausnahme! Der Diabelli, der Gyrowetz, der Moscheles. Hummel hat eigens eine Oper komponiert. Selbst ein Exzentriker wie der Herr Beethoven leistete seinen Beitrag. Sie wissen, dass sein Schlachtengemälde zum Triumph Wellingtons von sämtlichen Experten als Jahrhundertwerk gefeiert wird?

Ich habe davon gehört.

Wenn nichts von dem Mann überdauern wird – dieses Werk schon. Oder seine große Kantate zur Feier des

Wiener Kongresses. Gegen eine solche Vermählung der Musik mit der Politik haben wir natürlich nichts, im Gegenteil. Da würden wir sogar den Heiratsvermittler spielen, wenn Sie verstehen, was ich meine. Auf diesem Wege sollten Sie wandeln, Herr Schubert.

Ich habe auch eine Kantate geschrieben. Eine kleine, auf den Einzug der Alliierten in Paris. »Die Befreier Europas«, hieß sie, glaube ich.

Tatsächlich? Dann sind Sie ja ein Beethoven en miniature! Verzeihen Sie meinen kleinen Scherz.

Ich fand's nicht lustig.

Machen wir eine Pause.

Ein Tanz – 1817

Genug!, schreit der Klavierspieler und wirft den Deckel zu. Merkt ihr nicht, dass meine Finger brennen?

Einsam hängen die letzten Takte in einer Ecke des Saals. Hände lösen sich, die Bewegungswut verdampft und lässt paarweise verschwitzte Gesichter zurück. Der Lärm der Kneipe ist wieder Lärm und nicht mehr Begleitbass der Walzerfolge. Trockenes Getrommel der Schuhe auf dem Holzboden, das Rascheln der Kleider, silbernes Lachen.

Kalten Blicks kehrt der Pianist an den Tisch zurück, ein Glas Bier ist rasch geleert. Dem Gespräch seiner Tischgenossen lauscht er mit hängenden Armen und geschlossenen Augen. Vielleicht, weil es um Helligkeit geht, um die Ankunft des Lichts, um das zu erleuchtende Wien.

Überall in der Stadt, so erzählt man sich, werden neue Gaslaternen aufgestellt, deren Intensität sich zu der gewöhnlicher Straßenlampen wie zwölf zu eins verhält. Zwölf zu eins – das ist ein Signal. Eine Botschaft der Regierung an alle Dunkelmänner: Heimleuchten werden wir euch! Die Zukunft trägt einen Strahlenglanz, Wien ist entflammt! Und zum Behufe genauester Erhellung noch der letzten Winkelfinsternis hat der Kaiser den Grafen Sedlnitzky zum Leiter der Obersten Polizei- und Zensurstelle ernannt, den Versager aus Troppau, der dank seiner Mutation zu Metternichs Pudel der Evolution ein Schnippchen schlagen wird.

Als dieser Satz fällt – im Spaß natürlich nur, als Kneipenulk –, kippt ein Kerl am Nebentisch schier vom Stuhl, so weit hat er sich herübergebeugt, um dem Gespräch zu folgen. Sie leben gefährlich, die Naderer von Wien, und die Konkurrenz ist hart. Noch aus dem letzten Lumpensammler formen sie einen Spitzel.

Ob der Pianist das kleine Missgeschick registriert hat? Jedenfalls blinzelt er jetzt mit den Augen, lässt die Lider zucken. Für einen Moment huschen seine Finger über eine imaginäre Tastatur: forellengleich. Sofort tritt ein kräftiger junger Mann mit Backenbart zu ihm hin und bittet ihn, noch ein paar Walzer zu spielen. Kopfschütteln.

Geh, Bertl, alle warten!

Ich mag nicht!

Die Freundin des Mannes schließt sich dem Drängen an. Über ihren Ohren sind die blonden Schnecken in

Auflösung begriffen. Seufzend erhebt sich der Klavierspieler. Auf dem Weg durch den Saal lässt er die kurzen Finger knacken. Zurück bleibt der junge Senn, an seiner Pfeife ziehend.

As-Dur, murmelt er. Ich weiß nicht, warum, aber er spielt am liebsten Walzer in As-Dur. Und wenn du ihn darauf ansprichst, lacht er.

Wieder steht ein Mann neben dem Tisch. Er ist schmal, hat einen kleinen Oberlippenbart, trägt langes Haar und deutsche Mode, stellt sich vor: Müller, Jurist und Poet aus Dessau. Keiner von Rang, ein kleines Licht nur und vor Jahren in Waffen, als es um das Vaterland ging. An seinem Tisch drüben habe man ihm gesagt, dass hier der Dichter des »Tiroler Adler« sitze. Ob es sich bei dem Herrn tatsächlich …?

Senn nickt. Im Geist hört er den alten Rapp bitter lachen: Es ist der Mann noch, ja! Aber der Geist der Dichtung? Der scheint im Dickicht des Politisierens und der Gründeleien verloren gegangen zu sein.

Setzen Sie sich, Herr Müller.

Der Dessauer erzählt von seinen Reiseplänen: Italien, wegen der Kunst, der Nachtbläue und der Frauen, auch wegen der freieren Luft zum Atmen. Eigentlich habe man nach Griechenland gewollt und weiter zu den Türken, doch in Konstantinopel sei die Pest ausgebrochen. Daher die Änderung der Route; man reise jetzt sozusagen in umgekehrter Richtung. Rückwärts, wie ein Krebs. Wie die gesamte rückwärts gerichtete Epoche.

In Wien gibt es viele Griechen, bemerkt Senn. Exilanten allesamt.

Müller steht in Kontakt mit ihnen, in bestem, sagt er. Empfehlungsschreiben öffneten ihm Tür und Tor, nun lernt er Neugriechisch, Tag für Tag. Die ungewohnte Aussprache, sicher, und das Heer der Akzente! Aber wozu hat man sonst Philologie studiert?

Ja, Wien ist die Stadt der Griechen, wiederholt Senn. Zum Missmut der Regierung übrigens. Die würde sie am liebsten aus der Stadt werfen.

Die eigenen Glaubensbrüder? Die von den Türken unterdrückt werden?

Allerdings.

Und warum? Weil sie nach Freiheit rufen?

Senn beugt sich vor, funkelnd: Dieses Wort gibt es nicht, Herr Müller. Non existit. Sprechen Sie es nicht aus, solange Sie in Wien sind. Hier haben die Wände Ohren, die Tische, die Stühle. Selbst der Klavierhocker dort, auf dem mein Freund gerade sitzt, ist mit einem Gehörgang ausgestattet und saugt alles auf, was nach dem nicht existierenden Begriff klingt.

Müller, halblaut: Dann frage ich mich, weshalb ihm halb Europa hinterher jagt, diesem Begriff. Die Spanier, die Polen. Selbst wir Deutschen kämpften in seinem Namen, von euch Tirolern ganz zu schweigen. Warum?

Eben deshalb: weil er nicht existiert. Mangel scheint uns anzuziehen.

Ist es nicht Privileg der Dichtung, das Nichtexistente zu beschreiben?

Privileg? Nein, Pflicht. Aber welcher Dichter vermag das schon?

Der des Tiroler Adlers.

Senn lacht, richtet sich auf: Danke für die Blumen, ich verdiene sie nicht. Er zieht an seiner Pfeife. Sind Sie musikalisch, Herr Müller?

Ich kann weder spielen noch singen. Warum fragen Sie?

Weil die wahre Kunst in diesen Zeiten ohne Worte auskommen muss. Hören Sie sich meinen Freund am Klavier an. Der diktiert unserer Generation den Widerstand in die Beine.

Mit Tanzmusik?

Warum nicht? Achselzucken bei Senn. Warum nicht? Es kommt eben darauf an, wer.

Verhör des Franz Peter S., März 1820. Fortsetzung

Sie spielen gern zum Tanz auf, hört man.

Das hört man? Nun, dann wird es wohl stimmen.

So ironisch, Herr Schubert?

Nur müde.

Die Regierung hat nichts gegen das Tanzen, ganz im Gegenteil. Sie begrüßt diese Art von Vergnügen, anders als, sagen wir, Turnen oder Schwimmen.

Schön.

Leider spielen Sie auch während der Fastenzeit auf, Herr Schubert. Trotz unserer Verbote. Schauen Sie nicht so blöde, Sie wissen, wovon ich spreche! Mir liegt eine Akte über einen gewissen Anschütz vor, in dessen Haus sich eine Gruppe junger Menschen austobte. Während des Fastens. Und Sie saßen am Klavier. Im Zentrum des Geschehens, wenn ich es einmal so ausdrücken darf.

Möglich.

Sie halten wohl nichts von Gesetzen. Und von Religion auch nichts.

Bitte? Ich habe acht Messen komponiert, drei Tantum Ergo, zwei Stabat Mater, fünf Salve Regina, jede Menge Kyrie und ein Pax Vobiscum. Steht das auch in Ihren Akten?

Beeindruckend.

Just in diesen Tagen sitze ich an einem großen Oratorium über Lazarus.

Lazarus.

Ja.

Die Geschichte von Tod und Auferstehung.

Es fehlt nur noch der dritte Akt.

Also der Höhepunkt, die Auferstehung. Interessant. Wie sie Ihrem Kumpan Senn fehlt. Er wird niemals mehr auferstehen, erlauben Sie mir diese Anmerkung. Aber zurück zum Thema. Die Regierung ist sehr für das Tanzen, solange die Fastenzeit beachtet wird. Deshalb, mein Herr: Tanzen Sie ruhig weiter.

Ich tanze nicht.

Wie? Sie werden doch nicht immer nur am Klavier sitzen?

Der Tanzmusiker tanzt nicht. Nie.

An der Donau – 1818

Als es losging, färbte sich der Inn rot und weiß. Der junge Senn erzählt es mit leiser Stimme. Rot und weiß: Das kam vom Blut, vom Mehl und den Sägespänen, die wir ins Wasser schütteten. Bis der Fluss schäumte. Und auf allen Bergen leuchteten Kreidfeuer, Signalfeuer, die ganze Nacht hindurch. So war es vereinbart. Jeder wusste nun, welche Stunde es geschlagen hatte. Die Stunde des Schmelzwassers, wenn an den Hängen alles in Bewegung gerät, wenn nichts mehr zu halten ist: die Nacht vom zehnten auf den elften April 1809.

Bei uns im Oberinntal ging nichts ohne meinen Vater. Ich habe es mir sagen lassen, denn ich war ja hier, im Konvikt, als der Aufstand losbrach. Aber ich kannte ihn. Er schrieb Briefe, so viele wie noch nie, traf sich an geheimen Orten, formulierte Aufrufe: *Die Zeit der Erlösung ist nahe.* Den Major Teimer, einen der Hauptanführer, versteckte er bei sich und brachte ihn über die Grenze. Ende April erhoben sich auch die Vorarlberger: nachdem sie einen Brief meines Vaters bekommen hatten. Bitte, ich sage das nicht, um dem Mann ein Denkmal zu setzen. Ihr sollt nur erkennen, wie sehr er sich für die Sache Tirols eingesetzt hat. Bis es die Sache Tirols nicht mehr war.

Ein Erfolg jagte den nächsten: Überall ergaben sich die bayrischen Kompanien, in Sterzing, in Hall, in Volders. Innsbruck wurde erobert, verloren und wieder eingenommen. Der Feind floh, Teimer und mein Vater setzten ihm nach bis weit über die Grenze. Im Sommer wurde er

Kommandant in Nauders. Stellt euch das vor: ein einfacher Landrichter, der sich Special-Commissair und Defensions-Commandant nennen darf! Wisst ihr, was er auf solche Titel gegeben hat? Nichts. Nicht so viel! Die Gier nach Titeln ist das Krebsgeschwür dieser Nation.

Er wirft er einen Stein in den Fluss, mit so viel Schwung, dass es seine schwarzen Locken schüttelt.

Dabei war schon im Sommer alles verloren. Mein Vater ahnte es, er schrieb an Hofer und beklagte sich über Wien, das nichts, aber auch gar nichts für Tirol getan hatte. Er spürte: Wieder einmal sollten wir Bauern die Bauernopfer in diesem Krieg der gekrönten Häupter sein, die Arschritze Europas. Und als sich die Großen arrangiert hatten, nach der Hoffnung von Aspern und der Demütigung von Wagram, als Tirol nur noch Spielball der Mächtigen war, gab er auf. Hofer nicht. Hofer kämpfte weiter und stürzte noch viele Tiroler Familien ins Unglück. Dafür ist er nun der wahre Held der Erhebung, mit seinen Mantuaner Kugeln in der Sandwirtsbrust. Und mein Vater ... sie spucken auf ihn in Tirol.

Senn schweigt eine Weile, den Blick auf die Donau gerichtet.

Mein Gott, ich weiß nicht, was meinen Vater damals umtrieb. Tappe doch selbst im Dunkeln. Haben ihn die Bayern gekauft, bei ihren Verhandlungen auf Schweizer Boden? Sah er in ihnen das kleinere Übel – oder sogar Verbündete auf dem Weg zu einer Verfassung, zu demokratischen Reformen? Ich weiß es wirklich nicht. Er hat nie darüber gesprochen. Ich weiß nur, dass er sich verraten fühlte. Verraten von seinem Kaiser, der noch Ende Mai proklamiert hatte: *Erkläre ich hiemit Meiner getreuen Grafschaft Tyrol, daß sie nie mehr von dem Körper des Oesterreichischen Kaiserstaates soll getrennt werden, und daß Ich keinen andern Frieden unterzeichnen werde – als den, der dieses Land an Meine Monarchie unauflöslich knüpft …* Dieser Schwur, er war das Papier nicht wert, das ihn in die Welt hinaus trug. Erzherzog Johann wusste es sofort. Wie er tobte, als er vom großmäuligen Versprechen seines kaiserlichen Bruders hörte! Ein paar Wochen später war Österreich geschlagen, der Frieden besiegelt und Tirol geopfert, einmal mehr. Noch in der Niederlage ist dieses Reich gefräßig: Es frisst seine eigenen Kinder.

Senn formt die Hände zu einem Trichter und schreit über das Wasser: *Ich betrachte mich nicht als Unterthan irgendeines Staates, sondern als meinen eigenen Herrn!*

Verhör des Franz Peter S., März 1820. Fortsetzung

Sie sind ja schon länger mit dem Senn befreundet.

Ein paar Jahre.

Wie würden Sie ihn beschreiben?

Oh, ich habe kein Auge für Menschen. Ein Ohr vielleicht, aber kein Auge.

Bitte, Herr Schubert.

Nun, er ist nicht sehr groß, breitschultrig, hat dunkle Locken und eine hohe Stirn …

Das meine ich nicht.

Nicht?

Wir wissen, wie Senn aussieht. Sie sollen mir sagen, wie Sie ihn als Menschen einschätzen. Als Persönlichkeit.

Er ist begabt. Intelligent.

Weiter.

Im Konvikt hatte er immer beste Noten, das können Sie nachprüfen.

Seine Zeugnisse liegen uns vor.

Wenn ich ehrlich bin: Zum Feind möchte ich ihn nicht haben.

Tatsächlich? Wie kommen Sie darauf?

Verstehen Sie mich nicht falsch, Herr Commissär, er ist der beste Freund, den man sich vorstellen kann. Aber so ernst er es mit Freundschaften meint, so auch mit Feindschaften.

Interessant.

Wissen Sie, er hat diesen Blick.

Diesen Blick?

Ja. Einen, den man nicht vergisst. Sehen Sie ihm in die Augen, Herr Commissär, dann wissen Sie: So einen Mann darf man nicht einsperren.

Ein Mord – 1819

Der Mann, der um elf Uhr morgens an der Tür des Staatsrats schellt, nennt sich, obwohl aus Oberfranken stammend: Heinrichs von Mietau. So steht es in den

Akten. Er trägt einen dunklen Rock, eine Wollweste, rot, und schwarze Beinkleider, dazu Schnürstiefel und eine Kappe aus schwarzem Samt. Kotzebue, erklärt die Magd, oder sagt es der Diener, ist nicht im Haus. Woraufhin Heinrichs, der eigentlich Sand heißt, die Jesuitenkirche und das Naturalienkabinett besichtigen möchte. Beide sind geschlossen, Sand kehrt ins Gasthaus »Zum Weinberg« zurück.

In den Akten steht auch, dass er zweimal nach Staatsrat Kotzebue fragte. Dreimal?

Sand isst mit gutem Appetit, aber mäßig, trinkt einen Schoppen Wein dazu. Unterhaltung mit seinen Tischnachbarn über Luther und die Reformation; er wirkt wie ein Mann, der mit sich und der Welt im Reinen ist. Gegen fünf Uhr nachmittags steht er erneut vor der Tür des Kotzebueschen Hauses, wird gemeldet, darf eintreten, lässt drei ankommenden Damen höflich den Vortritt, tastet nach seinem Dolch.

Sie können herauf!

Sand wird gebeten, im Wohnzimmer zu warten. Der Hausherr befindet sich alleine im Studierzimmer oder eher doch im Zimmer seiner Frau am Klavier. Durch das Kinderzimmer betritt er das Wohnzimmer, wo der Mörder auf ihn wartet. Sand, etwa sechs Schritte in den Raum kommend, begrüßt Kotzebue, stellt sich als Kurländer vor – Ach, Sie sind aus Mietau? –, zieht den Dolch aus dem linken Rockärmel und versetzt ihm einen, einige, fünf Stiche in die linke Seite, in die Brust, ins Herz, den Mund, den Unterleib.

Du Verräter des Vaterlands!

Wollen hier noch mehrere gemordet sein?

Wer mir nahet, ist des Todes!

Möglicherweise hat er einen Brief dabei, den Kotzebue nichtsahnend entsiegeln will, vielleicht fragt er: Sind Sie Kotzebue?, vielleicht fordert er ihn zum Zweikampf und ersticht ihn nach dessen Weigerung.

Kotzebue, wimmernd, hält die Hände vors Gesicht und bricht drei Schritte vom Eingang zusammen. Zwinkert, rollt mit den Augen, dass das Weiße darin zu sehen ist. Sand beugt sich über ihn, um zu prüfen, wie es mit ihm steht, und weil er ihm noch einmal ins Gesicht blicken will. Stürzt jetzt ein Bediensteter zur Tür herein, hält ihm der tollkühne Jüngling den noch blutenden, rauchenden Dolch entgegen? Ist es nicht doch der vierjährige Sohn Kotzebues, Alexander, der in der offenen Tür zum Kinderzimmer steht und den Dolch sieht, den Mann, das Blut? Da – zückt Sand ein kleines Schwert und stößt es sich einige Zoll tief in die linke Brust. Sagt er. Eine Magd sagt: zwei Stiche in den Unterleib. Er soll zu Boden gefallen sein. Ein Bediensteter und Tochter Emmi eilen herbei, heben Kotzebue auf, führen ihn in das angrenzende Zimmer rechts, wo er hinsinkt und im Schoß seiner Tochter stirbt. Der Bedienstete hält die Tür zum Wohnzimmer zu, worin Sand ganz alleine und in Stille steht, blutend. Kotzebues Frau und seine zweite Tochter bleiben der Szene fern – aber nein, seine Gattin, die Wöchnerin, schleppt sich herbei, fällt in tiefe Ohnmacht.

Sand verlässt den Raum und das Haus, das kleine Schwert noch in der Hand, begegnet Köchin und Stubenmagd, die ihn nicht aufhalten, tritt auf die Straße. Einem Bediensteten, der zur Wache eilt, drückt er eine Schrift in die Hand: Da, nimm das.

Todesstoß dem August von Kotzebue.

Aus den Fenstern des ersten Stocks rufen Frauen um Hilfe: Haltet den Mörder! Sand sagt, er habe nichts gehört, die Fenster seien verschlossen gewesen. Er selbst dagegen, laut:

So müssen alle Verräter sterben!

Oder: Ja, ich habe es getan.

Oder: Hoch lebe mein deutsches Vaterland!

Oder: Gottlob, es ist vollbracht … Ich streite für mein Vaterland und die ganze Universität … Ich danke dir Gott für diesen Sieg.

Betend setzt er das Schwert an und stößt es sich langsam in die linke Brust, bis es festsitzt. Fällt dann nach vorne auf die rechte Seite. Seufzt, wälzt sich. Es heißt: wohl eine Stunde lang. Ein Schustergeselle zieht das Schwert heraus und wirft es hinter sich, eine Hebamme reißt Sands Weste auf, um ihm die Wunde mit Essig zu waschen. Auf dem Leib, wenn nicht um den Hals, trägt er ein grünes oder weißes, schwarz eingefasstes Band mit der Inschrift: *1815, dem Tode geweiht.*

Staatsrat von Kotzebue ward auf ein Bett gelegt. Zum Zeitpunkt seines Ablebens trug er einen grauen Frack über einer Weste und zwei Hemden. Von drei Wunden war eine, im Bereich des linken Lungenflügels, tödlich.

Links von der Nase klaffte ein tiefer Schnitt bis zum Mundwinkel, dessen Fortsetzung über die Wange nach außen lief. Die Beschaffenheit der Lunge und der Gallenblase lassen darauf schließen, dass Kotzebue nur noch wenige Jahre zu leben gehabt hätte.

So geschah es am 23. März 1819 in Mannheim.

Noch heute ist an einer Zimmerwand des »Goldenen Adlers« in Innsbruck zu lesen: *Kotzebue verweilte durch fünf Tage hier, er lebte von Tinte und Papier und starb durch Sand.*

Verhör des Franz Peter S., März 1820. Fortsetzung

Sagt Ihnen der Name August von Kotzebue etwas?

Gewiss. Ich habe zwei seiner Stücke vertont. Opern.

Opern? Richtige, ganze Opern? Warum habe ich noch nie von ihnen gehört?

Sie wurden nicht aufgeführt.

Schade. Den Herrn Staatsrat hätte es sicher gefreut, als er noch unter den Lebenden weilte. Sie wissen, von wem er vergangenes Jahr gemeuchelt wurde?

Es stand in den Zeitungen.

Ja, es stand. Sprechen Sie den Namen ruhig aus: Karl Sand. Ein Student, Mitglied einer burschenschaftlichen Vereinigung. Solche Vereinigungen gibt es auch in Wien.

Davon weiß ich nichts.

Aber wir wissen es, mein Lieber, und das ist entscheidend. Folgenden Satz haben wir im Tagebuch eines

Studenten gefunden – ich zitiere: *Nur der Mensch bringt ein wahrhaft großes Opfer, der im Stande ist, einem heiligen Zwecke selbst das, was die Welt Ehre nennt, hinzugeben. Drum steht ein Sand so hoch, weil er es nicht scheute, dem Haufen ein gemeiner Mörder zu scheinen.* Sind Sie auch dieser Meinung?

Um Gottes willen, nein!

Sie würden also nicht sagen, *der Zweck heilige das Mittel*, wie ich hier lese? Heilige jedes Mittel, auch Mord?

Natürlich nicht, nie und nimmer. Wie kommen Sie darauf?

Nun, Sie sind zwar nur Schulgehilfe, Herr Schubert, aber Sie verkehren mit Studenten. Sie haben Zugang zu diesen Leuten, Sie kennen sie. Denken Sie einmal nach: Bestimmt fällt Ihnen jemand ein, der zum Kreis der Verschwörer gehört. Verstehen Sie … Ihre Mithilfe bliebe nicht unbelohnt.

Was heißt das?

Der Mann, der uns auf die Spur der Wiener Vereinigung brachte, bekam 100 Gulden. Mehr, als Sie im Jahr verdienen. – Warum sagen Sie nichts, Herr Schubert?

Rapport – 1820

Rapport über das
störrische
und insultante
Benehmen,

welches der in dem burschenschaftlichen
Studentenvereine
mitbefangene Johann Senn,
aus Pfunds in Tyrol gebürtig,
bey der angeordnetermassen in seiner
Wohnung vorgenommenen
Schriften Visitation, und Beschlag nahme
seiner Papiere
an den Tag legte,
und wobey er sich unter andern der Ausdrücke bediente,
»er habe sich um die Polizey nicht zu bekümmern«,
dann die Regierung sey zu dumm,
um in seine Geheimnisse eindringen
zu können.
Dabey sollen seine bey ihm befindlichen Freunde,
der Schulgehilfe aus der Rossau
Schubert,
und der Jurist
Steinsberg,
dann die am Ende hinzugekommenen Studenten
der Privatist
Zechenter aus Cilly,
und der Sohn des Handelsmannes
Bruchmann
Jurist im 4. Jahre
in gleichem Tone eingestimmt,
und gegen den
amthandelnden Beamten mit
Verbalinjurien und

Beschimpfungen
losgezogen seyn. Hievon
macht der Pol.Ob.Coar. die
amtliche Anzeige,
damit dieses exzessive und
sträfliche Benehmen derselben
gehörig geahndet werde.

Verhör des Franz Peter S., März 1820. Fortsetzung

Was meinen Sie, warum es zu der Visitation bei Senn kam?

Keine Ahnung. Eine Verwechslung.

Ach, Sie glauben, das Ganze war eine Verwechslung? Sie glauben, die Regierung sei derart unfähig, dass sie unbescholtene Bürger aufgrund eines falsch geschriebenen Namens, einer unvollständigen Adresse verhaftet? Für so dumm halten Sie unsere Regierung? Genau wie der Senn?

Nein.

Sondern?

Der Senn ist ein Ehrenmann.

Ein Ehrenmann, soso. Leider ist nicht jeder dieser Meinung. Ich möchte Ihnen noch einen Satz aus dem erwähnten Tagebuch vorlesen. Hören Sie bitte genau hin. *Senn ist der einzige Mensch, den ich fähig halte, für eine Idee zu sterben.* – Herr Schubert? Sie sagen nichts? Haben Sie den Satz nicht verstanden? *Senn ist der einzige Mensch, den ich ...*

Ich habe verstanden. Nur kann ich mir beim besten Willen nicht …

Sprechen Sie weiter.

Wer immer das geschrieben hat: Er bezieht sich vermutlich auf Senns Rolle als Patriot. Denken Sie nur an seinen Vater, der so oft für Tirol gekämpft hat.

Es geht nicht um Patriotismus, sondern um die Durchsetzung politischer Hirngespinste. Dort Sand, hier Senn. Für eine Idee in den Tod gehen. Das ist gemeint und nichts anderes. Verstehen Sie nun, warum wir Ihren Freund verhaftet haben? Verstehen Sie nun, dass er so schnell nicht mehr frei kommen wird? Und verstehen Sie, dass wir auch auf Sie ein Auge haben müssen? Herr Schubert?

Und ich mit regem Blute …

Bitte?

Nichts, Herr Commissär.

Requiem – 1821

Am Wiener Himmel fröstelt einsam die Sonne. Kein Vogelschwarm, keine Wolke, nichts. Ein Kutscher aus Heiligenstadt will eine Krähe, steifgefroren, vom Dach des Stephansdoms fallen gesehen haben. Ihr Aufprall, sagt er: wie ein Seufzer auf gestampfter Erde. An den Fenstern Eisblumenlandschaften. Wer geht, geht schnell. Selbst die Räder knirschen bösartiger auf den Pflastersteinen als im Sommer. Das Klafter Brennholz ist teuer geworden, fast so teuer wie die Gemütlichkeit und das offene Wort. Es ist immer der Sieger, der die Preise bestimmt.

Vom Senn gehört?, fragt ein Mann beim Verlassen des Doms. Jede Silbe steht als weißer Rauch vor seinem Mund.

Sein Begleiter verneint. Ein Kopfschütteln, das fast im pelzbesetzten Kragen seines Mantels verschwindet. Wie Schneebälle fliegen die Worte hin und her: Welcher Senn gemeint sei? Der junge, welcher sonst. Sitzt der nicht ein?

Er wird abgeschoben, heißt es. Lassen wir ihn seinen Jahrestag noch im Gefängnis feiern, dann geht es zurück in die Berge. Zwölf Monate lang hat er geschwiegen. Keine Namen genannt, trotz peinlicher Befragung, Sie verstehen? Es kam zu keinen weiteren Verhaftungen.

Sturheit, dein Name ist Tirol.

Senn wird keinen Ärger machen. Er steht unter ständiger Überwachung. Darf das Land nicht verlassen, nicht mehr als Lehrer arbeiten.

Eigentlich schade um dieses Talent. Der mit dem Pelzkragen hält an, zieht einen Handschuh aus und sucht nach seiner Geldbörse. *Adler, Tiroler Adler*, summt er vor sich hin. Es ist nicht zu leugnen, die Weise hat etwas Nationalhymnisches. In Wien, sagt er, wird es einige geben, die dem Senn nachweinen.

Was man nicht tun sollte. Nicht bei diesen Temperaturen, wo selbst die Tränen gefrieren.

Der andere nickt und drückt einem Bettler zwei Münzen in die steifen Finger. Wie Augen leuchten sie aus dem Dunkel der Handwölbung hervor.

Mein Gott, was für kalte Finger, murmelt der Gönner im Weitergehen. Der Tod kann sich nicht frostiger anfühlen.

Sein Begleiter antwortet mit einem Blick voller Verachtung. Der Herr zählt wohl neuerdings zu den Philhellenen? Oder warum hält er griechische Bettler aus?

Griechische?

Schon lange ist die Wiener Bettelzunft in der Hand der Hellenen. Ein Syndikat von Emigranten, das Geld für einen Aufstand sammelt. Dunkler Schnurrbart, schwarze Augen, braune Finger: Bettelt so ein Einheimischer? Jeder Kreuzer aus Wien nährt die Flamme der Rebellion gegen die Hohe Pforte.

Gegen unsere Nachbarn? Unmöglich!

Und was ist mit Ypsilanti, dem einarmigen Prinzen? Noch steht er in russischen Diensten, aber schon marschbereit gegen die Türkei. Der Zar tobt, heißt es. Sein eigener General legt Hand an das Gleichgewicht der Welt!

Wie einst die Tiroler, murmelt der Pelzträger düster. Wie ihr Général Sanvir.

Sie sprechen von Hofer? Der Vergleich hinkt. Aber es stimmt, jegliche Gier nach Revolutionen entstammt demselben Urgrund, so denkt auch Metternich. Längst hat er Gegenzüge veranlasst. Die griechische Verschwörung wird scheitern, bevor sie begonnen hat. Erstickt wird sie, ausgetrocknet! Natürlich nur, sofern sie keine Protektion durch die Wiener Bevölkerung erhält.

Nicht mit mir, zischt der andere und eilt zum Dom zurück. Die Hand des Bettlers ist leer, kein Finger hat seine Stellung verändert. Wo sein Geld sei, will der Spender wissen. Keine Antwort. Er stößt den Sitzenden gegen die Schulter, gibt ihm einen Tritt. Mein Geld will ich zurück! Langsam neigt sich der starre Körper zur Seite, kippt geräuschlos zu Boden. Noch im Liegen ruht die vorgestreckte Hand auf einem Knie.

So ist die Welt, denkt der Mann im Pelzmantel erschauernd. Drinnen singen sie das Requiem einem der Unsrigen, während es für die Erfrorenen draußen keine Töne gibt.

Von seinen Münzen will er nichts mehr wissen.

Verhör des Franz Peter S., März 1820. Fortsetzung

Was verbinden Sie mit dem Jahr 1809?

Mit 1809?

Ja.

Warum wollen Sie das wissen?

Beantworten Sie meine Frage.

1809 war ich zwölf. Konviktsschüler. Komponiert habe ich noch nicht. Jedenfalls nichts Gescheites.

Ist das alles?

Sie wollen wissen, wie ich zu den Ereignissen in Tirol stehe, richtig?

Noch einmal, Herr Schubert: Beantworten Sie einfach meine Frage.

Nun, es herrschte Krieg. Ich erinnere mich an das Bombardement im Mai. An all die Leute, die das Feuer in ihren Dachstühlen löschten, mitten in der Nacht. Ich stand mit meinen Schulfreunden am Fenster. Wir sahen die Vorstädte brennen, die Leuchtspuren der Geschosse vor schwarzem Himmel. Zwölf war ich damals, aber geheult habe ich nicht. Der Senn stand neben mir und sagte: Schaut genau hin! So brennen jetzt die Dörfer in Tirol. Unsere Häuser, die Ställe, die Menschen – alles brennt. Und wie er das sagte: so kalt, so unsagbar kalt, ausgerechnet er, der doch selbst immer brannte, der von allen der Feurigste war. Verstehen Sie? Weil er so kalt dastand, habe ich nicht gewagt zu heulen. Bis zu dem Augenblick, da unser Haus getroffen wurde. Das Konvikt, von einer Haubitzgranate. So etwas vergisst man nicht, wenn man zwölf ist, Herr Commissär. Ich kenne den Krieg.

Ein Selbstmord – 1822

Der Lord tanzt.

Er tanzt zum letzten Mal, macht seine finalen Trippel-schritte, fordert zum Schlusswalzer auf, zum Tanz auf der Rasierklinge. Die Griechen warten auf ihn, all die toten Griechen aus dem ersten Jahr ihres lächerlichen Aufstands, haben ihm ein Grab geschaufelt: heran, he-ran, Lord Castlereagh. Und der Lord gehorcht, tanzend. Hat die Interessen seines Landes – seines, hört ihr? Er ist

Ire! – die Interessen seines Landes am Balkan verteidigt, hat jeden Freiheitsruf in die Gurgel zurückgezwängt, hat konferiert und beschwichtigt, erfolgreich. Und geliebt hat er: nach Griechenmanier, wie man sagt. Wie er selbst behauptet, als sich sein Geist eintrübt.

Zuletzt tanzt jeder allein. Dem Lord verwirrt sich die Welt: Schwarz ist Weiß, Tag ist Nacht, Mann Frau, Europa eine Schlachtenhölle. Wer will da noch leben? Unter Geistern, Monstern, Blutsaugern? Seine Frau, schnarchend, den Hosenbandorden auf dem Haupt. Der Dichter Byron, der ihm Tritte ins Grab nachschickt, gemeißelt schöne Fußtritte: *So hat er sich schließlich die Kehle durchschnitten: der Mann, der die seines Landes längst schon durchtrennte.*

Metternich liebt Spinnen, sagt man. Castlereagh, der Metternich der Inseln, meint junge Pfauen zu lieben: Knabenhaut. Diese Schande! Sein Tanz, unweigerlich der letzte. Schwarz ist Weiß, aber Klinge ist Klinge. Die Rasur wird Tanz, das Messer Partner. Da – tanzt die Klinge eines Brieföffners dem Lord auf der Kehle herum, ein Schnitt wie die Bewegung einer Hand über Landkarten, und an der Bruchkante des sterbenden Blicks spiegelt sich sein Leben: *Von Geschäften wurde toll ein christlicher Minister ...* So steht es in Wilhelm Müllers Jahresbilanz.

Der Lord wird tot sein, aber Müllers Griechenlieder werden erscheinen. Der Lord wird tot sein, aber Schubert wird Müllers Todeslieder vertonen. Der Lord wird tot sein, aber Griechengeneral Ypsilanti wird mit seinem Tod haushalten, trotz Gefangenschaft in Österreich, trotz

Entkräftung, Magenkrämpfen, Fieber, Lähmungen, Koliken, Rheuma, Gicht, Schwindsucht, Geschwülsten und Herzbeschwerden. Der machtlose Held der Hellenen wird mit seinem Tod warten, noch sechs Jahre lang, bis zu einem Geburtstag, zum letzten Geburtstag des Komponisten Schubert, warten auf eine Gelegenheit, in Wien zu sterben, in Schuberts Lieblingskneipe »Zur goldenen Birne«. Auf der Landstraße, wo der Kot wieder kniehoch steht.

Das Neuste ist, daß ein rasendes Selbstumbringen hier herrscht, schreibt Ignaz Schubert aus Wien an seinen Bruder.

Verhör des Franz Peter S., März 1820. Fortsetzung

Musik, Herr Schubert, ist was Schönes. Ich beneide Sie, wirklich. Dass Sie das können: Töne malen, Melodien erfinden. Respekt.

Danke.

Ich glaube auch, dass Musik gesund macht. Dass sie einen heilt von der Melancholie, die ja sehr verbreitet ist in Wien. Ich weiß nicht, ob Sie mir da zustimmen, aber ich glaube fest daran. Leute wie Sie können unsere Welt besser machen.

Das klingt jetzt aber sehr …

Ja?

Ich meine, geht's nicht ein bisschen kleiner?

Nein, geht es nicht. Was ich Sie fragen wollte: Fürchten Sie den Tod?

Wie bitte?

Eine einfache Frage, würde ich denken.

Was soll das, Herr Commissär? Ich sitze hier in Haft, wegen nichts und wieder nichts – und Sie fragen mich, ob ich Angst vor dem Tod habe?

Richtig.

Sie wollen mich einschüchtern!

Um Gottes willen, nein, Sie missverstehen mich, lieber Herr! Ich habe so selten mit Künstlern zu tun, die sich ja quasi von Berufs wegen mit den letzten Dingen beschäftigen, da ergreift man eben die Gelegenheit, über Dinge zu sprechen, die einen wirklich interessieren. Dem Senn werde ich dieselbe Frage stellen. Ich bin sicher: Ein Dichter wie er, ein Komponist wie Sie, solche Leute wissen mehr über das Leben und den Tod als die Masse.

Glaube ich nicht.

Viele Ihrer Lieder handeln vom Tod, habe ich mir sagen lassen. Er scheint ein wichtiges Thema für Sie zu sein.

Keine Ahnung. Das hat sich so ergeben.

Fürchten Sie ihn?

Wen?

Herr Schubert! Den Tod.

Du meine Güte, alle fürchten ihn.

Katholiken sollten diese Furcht nicht haben. Sie sind doch Katholik.

So steht es in meinem Taufeintrag.

Verdammt noch mal! Furcht – ja oder nein? Letzte Chance, du fetter kleiner Scheißer!

Wenn Ihnen so viel darin liegt: Ja, ich fürchte ihn. Aber mehr noch fürchte ich die Menschen, die ihn bringen.

Ein Militair – 1823

Johann Chrysostomus Senn, in seiner letzten Nacht als Zivilist. Ein Greis von 28 Jahren, Volksheld wie sein Vater, Volksverräter wie sein Vater. Gestürzte Adler alle beide, wäre das Bild nicht so abgeschmackt. Mag es abgeschmackt sein! Zum Schmecken, Abschmecken fehlen einem Senn die Mittel. Er isst, was er bekommt, reimt mit räudigem Appetit. Seine Gedichte nennt er: »Mundfluss«. Da ist mehr Hunger in den Versen als Kunst, mehr Speichel als Esprit, mehr Galle als Eleganz.

Jetzt träumt er, unter Decken und Decken. Eine winzige Kammer, und doch zu groß zum Heizen.

Johann Senn träumt. Träumt vom toten Tiroler Schützenhauptmann, seinem Vater. Der, obwohl Richter, immer in Waffen stand, der noch mit vierzig im Süden des Landes kämpfte, später bei Martinsbruck focht, als die Franzosen aus dem Vintschgau anrückten. Der seine Zunge wie ein Schwert führte, die Argumente seiner Gegner spaltete … Auch so ein abgeschmacktes Bild.

Aber eines ist gewiss: Sein Vater war ein Held, lange bevor Tirol Helden schockweise hervorbrachte. Ein Richter, der Recht von Gerechtigkeit herleitete, der ein

Mann für das Volk war, keiner des Volkes. Eben jetzt, im Jahr 1823, Senn kann es nicht wissen, besteigt Seine kaiserliche Hoheit Erzherzog Franz Carl unter Führung von Einheimischen und bei bestem Wetter die Norbertshöhe bei Nauders, um seinen durchlauchtigsten Blick über die Schanzen von Martinsbruck schweifen zu lassen. Sanft gluckern die Erzählungen von damals, vom März 1799, in sein erzherzogliches Ohr! Legenden eines vergangenen Jahrhunderts, Tirolerstolz vor Felsenfratzen, Schnee noch bis in die Täler. Hier, an Palmsonntag, erstürmte der Feind die Höhe, Exzellenz. Hier schlug ihn der Patriot zurück: der Hauptmann Sterndahl, der Hauptmann Fischer, die Schützen aus Landeck, Ried und Pfunds. Und in der Mittagssonne adelt der Erzherzog mit seinem Nicken diese vaterländische Mär aus alter Zeit: *Sämmtliche Vertheidigungsmannschaft hat unter ihren Anführern Rungger, Senn und Linser rühmlichst mitgewirkt.*

Für den träumenden Senn junior aber ist es keine Mär, sondern die bittere Angst seines Lebens: als nur zehn Tage später sein Dorf, seine Heimat, zu Asche werden soll. Der Feind hat den Pass doch noch erstürmt, hat Nauders verstümmelt, geplündert, verelendet, hat sogar der Gottesmutter bei den Mühlen die linke Wange mit einem Bajonett durchstoßen. Und dann der Mittwoch nach Ostern, der 27. März dieses furchtbaren Jahres 1799: Franzosen und Österreicher halten gemeinsam die Fackel an Pfunds. Von Finstermünz walzt sie heran, die Kriegsmaschine Napoleons, siegreich, unaufhaltsam, um die Ernte einzufahren für gesätes Blut. Unten aber stehen die Verteidiger, steht der Graf De Briey, genannt *Tepperi*, der sich aufplustert, der in die Geschichtsbücher eingehen will mit einem dummen letzten Gefecht gegen die Übermacht, dem es gleich ist, ob dabei der Wald brennen wird oder ein Dorf oder dessen Bewohner. Und zwischen den Fronten Pfunds: die Bauern. Die Alten. Das Vieh in den Ställen. Die Kinder, angststumm. In fünf Tagen, am Montag, wird Johann vier.

Da verlässt sein Vater das Haus, um das Dorf vor dem Zermalmen zu retten. An seiner Seite Bürgermeister und Pfarrer. Zu dritt stehen sie vor dem Grafen mit dem französischen Namen, der die Österreicher befehligt. Auf gut Tirolerisch schreit ihn der Senn ins Tal hinab, schleich di, Tepperi, du hast Nauders verloren, nun lass uns wenigstens Pfunds. Und De Briey gibt sein zähneknirschendes d'accord.

General Demont dagegen, der die Franzosen führt, versteht Deutsch, denn er ist Graubündner, und er lacht, als er von den Muskelspielen des Grafen hört, von dem Rumpelstilzchen aus Luxemburg. Aber gratis ist seine Gnade nicht, das weiß auch der Senn. Er verhandelt. Er verweist auf die Kargheit des Tals, auf die noch immer verschneiten, verharschten Hänge. Pfunds ist arm. 1500 Gulden, so lautet schließlich das Urteil, das der Landrichter verkünden darf. 1500 Gulden sind das Lösegeld, das Pfunds für seine Unversehrtheit zu zahlen hat.

Das Geld für mich, denkt der träumende Senn, der gealterte Hannes, hättens' sich sparen können. Eine absolut überflüssige Investition. Einzige Dividende: das Lied vom Tiroler Adler.

Schad', träumt der Senn, dass ich's geschrieben hab.

Verhör des Franz Peter S., März 1820. Fortsetzung

Möchten Sie etwas trinken, Herr Schubert?

Ein Glas Wasser wäre recht.

Bitte. Was wissen Sie über Senns Vater?

Über den Vater? Nichts. Er ist seit Jahren tot. Und er war Richter in Tirol.

Wissen Sie, woran er starb?

Er war krank. Nervenfieber, glaube ich. Wie meine Mutter.

Nervenfieber, ja. Das war Anfang 1813. Erinnern Sie sich, was Anfang 1813 noch geschah?

Jetzt wollen Sie wieder auf die Politik hinaus, richtig?

Ach, Herr Schubert … Zu Beginn jenes Jahres schmiedeten einige Hitzköpfe erneut Umsturzpläne für Tirol. Eine Gruppe von Exilanten, Genossen Hofers von früher. Sie können sich vorstellen, was Metternich davon hielt. Da richtet sich sein ganzes Trachten, seine ganze ausgefeilte Politik auf den Erhalt des Friedens mit unseren Nachbarn, er verkuppelt sogar den Franzosenkaiser mit dem Hause Habsburg – und plötzlich wollen diese Verrückten Europa erneut ins Chaos stürzen. So blutig ihre Pläne waren, so lächerlich waren sie auch: Ein neuer Staat sollte geschaffen werden, Rätien mit Namen, eine abstrakte Melange aus Tirol, der Schweiz und einigen weiteren Alpentälern. Aber selbst ein Erzherzog Johann ließ sich verführen. Sie wissen vielleicht, dass er Tirol seither nicht mehr betreten darf.

War der alte Senn auch dabei?

Die Sache flog natürlich auf. Unsere Polizei ist ja nicht blind. Die Anführer, Hormayr und Schneider, wurden in Gewahrsam genommen. Kennen Sie die Festung Munkács in Ungarn? Besser für Sie, wenn nicht. Da steckt die Leichenpest in sämtlichen Mauern! Jedenfalls blieben diese Leute in Haft, bis sich das Problem Napoleon endgültig erledigt hatte.

Und Senn?

Er wurde nicht verhaftet. Er starb.

Starb?

Ja.

Moment, wollen Sie damit sagen, dass er … ich meine, dass er wegen seiner Beteiligung an den Umsturzplänen beseitigt wurde?

Er starb an Nervenfieber, so steht es in den Akten. Akten lügen nie. Was ich sagen will, ist: dass wir auf Leute wie den Senn immer ein Auge haben. Auf den Vater wie den Sohn. Und auf ihre Weggefährten, solange sie leben. Wenn Sie Ihr Glas austrinken, Herr Schubert, bekommen Sie neues Wasser.

Ein Brief – 1824

Lieber Senn, verehrtester Freund,

jüngst erst wurde mir durch einen Gewährsmann aus Wien Kunde von Ihrem beklagenswerten Loose. Schelten Sie mich nicht! Bis Nachrichten, heikle zumal, aus dem Ausland nach Dessau gelangen, können Monate oder, wie in Ihrem Falle, Jahre vergehen. Gerüchte freilich fanden schon lange zuvor den Weg in unseren abgeschiedenen Weltwinkel: wie versprengte Soldaten nach der Auflösung ihrer Compagnie, mit karger Wegzehrung im Tornister. Und so war auch das, was man über Sie aus Wien und Tirol erfuhr, knapp bemessene Ration, die keine Neugier sättigte.

Sie hätten sich, so hieß es, der Krone widersetzt und schmachteten in einem Kerker der Magyaren. Weit gefehlt, sprach der nächste, Senn ist wohlauf und wird bald mit einem Strauß neuer Gedichte von sich hören lassen. Der eine wusste Sie tot, der andere verbannt, Sie waren begnadigt, flüchtig, vermisst. Am längsten hielt sich die Erzählung vom Trostlosen, der durchs Gebirge irrt, die Menschen flieht und ausgetretene Pfade meidet.

Nun, da ich weiß, wie es um Sie steht, wie Ihnen jede Möglichkeit genommen, den Ihnen zugewiesenen Zielen nachzustreben – nun betrachte ich im Zustand heiliger Verwirrung die Blätter, die ich just in jenen Monaten, während Sie Ihre einsame Straße beschritten, mit neuen Liedern füllte. Ich frage mich: Eifern Sie dem Inhalt meiner Verse nach – oder sind Sie, ist Ihr Schicksal mir unversehens zur Dichtung geworden? Wir wussten doch nichts voneinander!

Sei es, wie es sei: Von nun an werde ich bei dem armen Manne, den ich in den ewigen Winter unseres Vaterlandes entlassen habe, immer und nur an Sie denken müssen. Ende des Jahres soll das Büchlein erscheinen, und wenn ich könnte, ließe ich Ihnen seinen Erlös zukommen, wie ich es mir bei meinen Griechenliedern als liebe Pflicht auferlegte. Der Gedanke, mich am Leid derer, die ich besinge, zu bereichern, wäre mir unerträglich. Nur aus den eigenen Schmerzen darf der Dichter klingenden Gewinn ziehen.

Aus Tirol kommt widersprüchliche Kunde. So hörte ich, dass es dem Inn an Wasser mangele. Jeder soll an seinen persönlichen Vortheil denken, an das bisschen Wohlergehen hier und jetzt. Aber steht es bei uns besser? *S'isch doch a Lumpenescht das Deutschland*, lehrte mich Ihr Landsmann, der Maler Koch, damals in Rom.

Von mir nur so viel: Ich arbeite mehr als meiner Gesundheit zuträglich. Am meisten leiden meine Augen. Bei Abend kann ich gar nicht schreiben und werde wohl bald eine Brille brauchen. Wie Ihr Freund, der stämmige Clavierist damals auf dem Ohrenhocker. Falls Sie ihn einmal wiedersehen, versichern Sie ihm, dass ich die Musik als die höchste aller Künste achte, auch wenn sie in meiner »Winterreise« nur durch einen musico paupere vertreten ist.

Freundschaftlichst der Ihrige
W. Müller

Verhör des Franz Peter S., letzter Teil (unprotokolliert)

Was ich jetzt tun werde, Herr Commissär? Ruhe geben, was sonst. Grabesruhe, Friedhofsruhe, wie es sich gehört für das Leben. Der Vater vom Senn liegt in Matzleinsdorf, habe ich mir sagen lassen, in einem Massengrab. Passt schon. Dort wird es laut sein, stelle ich mir vor, nicht wegen der Massen, sondern wegen dem Alten. Der rebelliert noch aus dem Grab heraus, der kann nicht anders. Tiroler Kreuzkopf, Sie verstehen.

Nein, was mich angeht, so werde ich mich an die Musik halten. Hab ja sonst nichts gelernt. Wissen Sie, was wir Komponisten können? Sprechen – ohne ein einziges Wort. Fragen Sie mal den Grillparzer. Was der neidisch auf uns ist! Der sieht hinter jeder Note einen Jakobiner, in jedem Takt einen Demokraten. Wenn der Beethoven komponiert, sagt der Grillparzer, überfluten die Insurgenten die Stadt. Und die Zensoren? Die merken es, aber sie können nichts dagegen tun! Sie sehen nur die Notenfähnchen flattern. Da steht ein Lied in Des-Dur, und was wollen Sie gegen Des-Dur einwenden, Herr Commissär? Also her mit dem *Admittitur*!

Den »Schwanengesang« werde ich in As schreiben. Nicht meinen Schwanengesang, sondern den vom Senn. Ein Liedchen, dreiundzwanzig Takte nur. Irgendeiner muss ihm doch nachtrauern. Und eine »Selige Welt« werde ich ihm auch errichten, eine zum Greifen, zum Anfassen, stark wie – ich weiß, das klingt jetzt blöd – stark wie eine Tiroler Bergfichte. Aus der man übrigens

Geigen macht, wussten Sie das? Schließt sich damit der Kreis nicht irgendwie? Das Land, die Geige, der Aufstand ... So ein Instrument aus Tiroler Holz muss nach 1809 doch anders klingen, finden Sie nicht? Verdammt, das wird doch schreien müssen, da wird Blut zwischen den Saiten sein! Schreien, verstehen Sie! SCHREIEN!

Nein, ich nicht. Ich bin die Ruhe selbst. Der stummste unter den Komponisten. Mein Opus 23 wird keine Widmung tragen, als erstes und einziges all meiner Liederhefte. Nur die Namen: Musik, Schubert Franz; Dichtung, Senn Johann. Keine Widmung an den Hannes. Denn das würden die Herren Zensoren nie durchgehen lassen.

Vom Hunger – später

Fleisch isst der Wiener am liebsten. Am liebsten und am meisten. Diese Stadt, sagt der Maler Koch aus Tirol, ist ein einziger großer Kaumuskel. Kein Ort für denkende Menschen. Das Wienjahr 1839 verschlingt 96 507 Ochsen, so steht es in den Akten, 303 Kälber winden sich Tag für Tag durch den Wiener Darmgang, gefolgt von 4 882 Hühnern und Tauben – statistisch gesehen. Aber wer schaut schon mit den Augen der Statistik? Wir Heutigen vielleicht, gut genährt, bei der Auswertung von Tabellen. Der Wiener von 1839 hat womöglich zehn Tage am Stück gehungert, bis ihm am elften Tag der statistisch zugewiesene Ochse entgegenrollte und er die Zähne in das kostbare Vieh schlug, um durch Fraß und

Völlerei die Quote zu erfüllen. Der Wiener von 1839 hat womöglich ein ganzes Jahr lang vegetarisiert und Ochsen – seine Ochsen! – nur in Form von adligen Wänsten zu Gesicht bekommen, welche die Gassen verengten, in Form von Kaufmannsrülpsern und blinkenden Schmalzresten im bürgerlichen Mundwinkel. Die Statistik ist wissenschaftliches Jakobinertum, sie schafft Gleichheit vor dem Mahl: Der Ochse, den ich nicht mit dir teile, geht halb und halb in die Tabelle ein.

Womit Staatskanzler Metternich, Freund und Förderer der statistischen Erfassung seiner Untergebenen, als wahrer Democrat entlarvet wäre.

Nur die Künstler sperren sich mit ihrer Widerborstigkeit gegen jedes Einpassen in rechtwinklige Übersichten, weshalb die ersten erhaltenen Worte eines sonst stummen Komponisten vom Hunger handeln. Ein Brief, geschrieben im Konvikt, mit pubertärer Unverstelltheit:

Du weißt aus
Erfahrung, daß man doch
manchmal
eine Semmel und ein Paar Aepfel
essen möchte,
um so mehr wenn man
nach einem
mittelmäßigen Mittagsmahle,
nach 8½ Stunden erst ein
armseliges Nachtmahl
erwarten darf.

Armselig? Was heißt das, arm und selig? Wie passt diese frugale Bubenlust nach Semmeln und Aepfeln zu den Wiener Ochsenmägen, zur habsburgischen Fresssucht, und wie passt sie erst zur Kunst? Zur Kunst dieser großen Zeit, zur großen Kleinkunst, die dem häuslichen Mahle dient, dem Umschmeicheln der Speisen, der Veredlung des Appetits, der Apotheose des Genusses. Seht euch unsere Konfektschalen aus Kristallglas an: Sind sie nicht mehr wert, als bloß eine Schubertsche Semmel zu tragen? Wozu bemalt und vergoldet die Wiener Porzellanmanufaktur ihre Obstschalen auf Löwenfüßchen? Für ein paar jämmerliche Aepfel? Sollen wir bitteres Wasser aus böhmischen Pokalen trinken? Denkt an die blumenverzierten Gläser Mohns und an Kothgassers Ranftbecher, an Salzstreuer, Spucknäpfe und Schnupftabakdosen aus reinem Silber! Haben wir all diese Preziosen aus Hyalith, Metallglas oder dem brandneuen Lithyalin erschaffen, nur damit so ein elender Tonsetzer seinen einfallslosen Hunger stillt?

Schäm dich, Bertl!

Aber du, Leser, schließe die Augen, um dich für einen Moment von Biedermeiers Zartluft anhauchen zu lassen. Weit weg sind der Krieg, das Böse, verscheucht vom Gutenkaiserfranz, verbannt auf die Heleneninsel. Deine Fingerkuppen streichen über Holz, poliertes Mahagoni. Einmal, zweimal – beruhigendes Ebenmaß. Winzige Widerstände künden deinen Fingern von der Maserung des Baumes, von Wuchs und Leben. Noch immer hältst du die Augen geschlossen. Wie es sich rankt und verzweigt, wie sich Jahr um Jahr schlingt unter deinen Händen – spürst du das? Da sind Laden, Geheimfächer, verschwiegene Orte im Holz: Hohlräume der Schrift. Taste dich weiter: Hier schwingt ein Adler seine Fittiche, Körper aus schwarzem Lack, die Augen in Gold gebrannt. Türen öffnen sich geräuschlos, Pulte werden aufgeklappt. Ein Mobiliar, rührend in seiner Dienstfertigkeit.

Öffne die Augen. Was siehst du?

Einen Sekretär. Und darauf einen Brief, frisch entfaltet, der polizeiliche Geheimbericht über einen Vergessenen. Lies!

Als Senn

vor zwei Jahren hier anlangte,

hatte er von keiner Seite

Unterstützung;

es stritte auch gegen sein Grund-

Sätze, solche zu suchen, und er würde

verhungert seyn,

wenn sich [K* und F*] nicht seiner

erbarmt hätten.

Als dieser Brief aus Innsbruck auf Metternichs Mahagonisekretär zu liegen kam, bebte das satte Mobiliar vor Vergnügen, und Sedlnitzky hielt sich glucksend die gräfliche Wampe. Da schauns her, Fürst, ein Rebell, zum Verhungern bereit! Ein krallenloser Tiroler Aar auf selbstverordneter Diät. Grundsätze, natürlich; schon immer waren es Grund-Sätze, die Schneisen schlugen in das Alphabet der Revolution.

Womit wir entlastet wären, nickt der Staatskanzler. Nicht durch uns lichten sich die Reihen der Insurgenten, sondern durch ihre eigenen Grundsätze.

Und es ist ja nicht der Hunger allein! Zum Hunger kommt die Kälte, die einen aus dem ungeheizten Zimmer treibt, in die Öffentlichkeit, unter die Naderer; zum Hunger kommen die Schulden, die sich vom Nichts nähren, die vom Mangel satt werden; und zum Hunger kommt der Ekel, weil man sich verkauft hat wegen der Schulden, als Soldat, als Schreiber, als Winkeladvokat, als Hure des gefräßigen Staats. So viel Unschlündiges, sagt der junge Senn, alt geworden. So viel Un-, Un-, Un-.

Wenn ihm wenigstens das Wort bliebe.

Den Mund öffnen alle. Die einen, um Töne und Silben loszuwerden. Die anderen für die Ochsen. In Wien, in Innsbruck, auf den Weiden von Pfunds, immer heißt es: heraus oder herein. Speien oder fressen. Dazwischen – nichts.

Also feiern wir diese Epoche: als das große Erbrechen.

Nachlass – 1828

Verstorbene zu Wien:
Hr. Franz Schubert, Tonkünstler und Compositeur, alt 32 Jahr, auf der neuen Wieden Nr. 694, am Nervenfieber.
Vermögen:
3 tüchene Fräcke, 3 Gehröcke, 10 Beinkleider, 9 Gilets
1 Hut, 5 paar Schuh, 2 Pr. Stiefel

4 Hemder, 9 Hals- und Sacktücheln, 13 Pr. Fußsäckeln,
1 Leintuch, 2 Bettziechen
1 Matratze, 1 Polster, 1 Decken
Außer einigen alten Musikalien befindet sich vom Erblasser nichts vorhanden.
Summa 63 Gulden.

Nachwort

Dass böse Menschen keine Lieder kennen, ist der süßliche Archetyp einer Vorstellung, die das Wesen des Bösen vermutlich ebenso missdeutet wie das der Musik. Als Stalin starb, soll sich ein Mozart-Konzert auf dem Plattenteller gedreht haben. Und aus deutschen Volksempfängern riefen Liszts »Préludes« zum Sturz der Welt auf wie einst die Trompeten Jerichos. Nur unter dem Mikroskop des Betrachters, in der abgedunkelten Studierstube, ist Musik zum Klingen gebrachte Friedfertigkeit. Als ausgeübte Kunst steht sie mitten im Leben und somit in Kontakt zu Gewalt, Krieg, Unrecht. Wie sich klassische Komponisten zu dieser Tatsache verhielten, ist Gegenstand meiner Erzählungen.

*

So berichten verschiedene Biographen Gustav (von) Holsts, dass dieser kurz nach Ausbruch des 1. Weltkriegs von der Polizei einbestellt und zu seinen Verbindungen nach Deutschland befragt wurde. Einzelheiten dieses »Verhörs« sind nicht bekannt; für den Belletristen ein willkommener Anlass, dem möglichen Inhalt und Verlauf des Gesprächs erzählerisch nachzuspüren. Was natürlich Fragen nach der historischen »Wahrheit« aufwirft. Konstabler Brown hätte sie – gesetzt den Fall, es gäbe ihn – sicher gestellt. Der Autor könnte ihm antworten: dass der Panzerkreuzer Good Hope nach deutschem Artilleriebeschuss am 1.11.1914 vor Coronel (Chile) mit 900 Mann an Bord sank. Dass die Schlachtkreuzer Indefatigable und Queen Mary bei der Seeschlacht im Skagerrak am 31.5.1916 versenkt wurden und dass von ihren 1800 Mann Besatzung nur sechs überlebten.

*

Auch Joseph Haydns letzte Lebensjahre waren von Kriegen überschattet. Seine Werke thematisieren dies – ganz unbezopft und ohne den Firnis des Altväterlichen, den ihm die Romantik angedichtet hat. Dementsprechend setzt sich das ihm gewidmete kleine Erzählpuzzle aus einer Vielzahl überlieferter Details zusammen: vom Tor der Malteser Kathedrale über die klirrenden Scheiben des Gumpendorfer Hauses bis hin zu Haydns Medaillen, Schnupftüchern, Bildern von Abukir. Sogar die Übelkeit des Primarius Schneiderhan findet sich in den Quellen. Als einzige erfundene Figur marschiert Hauptscharführer Kruschke durch die Trümmer der Vergangenheit. Dafür verdankt sich dessen Kriegstagebuch einer historischen Person: dem österreichischen Nazi und Dollfuß-Attentäter Felix Landau.

*

Eine bekannte Episode aus dem Jahr 1943 handelt davon, wie Stalin mehrere Musiker, darunter Dmitri Schostakowitsch, mit der Komposition einer neuen Nationalhymne beauftragte. Sollte eine derart zu Ruhm gekommene Geschichte einfach nacherzählt werden? Oder nicht doch lieber umerzählt, forterzählt, gegenerzählt? Weder Stalin, von Pasternak einst als Krabbe bezeichnet, noch Schostakowitsch, der Volksfeind, standen ja allein in ihrer Zeit. Um sie herum gab es Menschen wie den Dichter Daniil Charms, der in einem Leningrader Gefängnis verhungerte; wie den Lyriker Ossip Mandelstam, verhört und gefoltert in der Lubjanka; wie die Altkommunistin Galina Serebrjakowa, der siebzehn Jahre Haft die Überzeugungen nicht austreiben konnten. Stalin starb 1953. Was in der Zeit danach zu sehr an ihn erinnerte – Orden, Statuen, Bauten, sein eigener Leichnam – wurde getilgt. Darunter auch der geplante Palast der Sowjets mitten im Stadtzentrum, der seit 1960 dem Freibad Moskwa als Fundament diente. Mittlerweile musste dieses wiederum seinem Vor-Vorgängerbau weichen, der 1931 gesprengten Christi-Erlöser-Kathedrale.

*

Franz Michael Senn, der Landrichter von Pfunds, wurde nicht ermordet, sondern starb in Wien an Nervenfieber. Das Gerücht seiner Ermordung allerdings hielt sich lange. Dies wirft erneut die Frage auf: Wer bestimmt eigentlich, was als historisch wahr gilt, wer prägt unser

Bild der Vergangenheit? Im Falle Senns mag es eine zwielichtige Dame namens Fama gewesen sein. Im Falle von Senns Sohn und dessen Freund Schubert: der österreichische Staat. Ein erbarmungslos gemütlicher Staat, an seiner Spitze ein Kaiser und ein Staatskanzler, die sich ihre Untertanen formten, wie es ihnen passte. Da erklärt man einen Dichter zum potentiellen Terroristen und einen Musiker zum harmlosen Melodienerfinder. Wer dem auf den Leim geht, schreibt die Legende fort.

Dass Schubert in jenem verhängnisvollen März 1820 zusammen mit Senn verhaftet wurde, ist bekannt. Wie lange und unter welchen Bedingungen er in Gewahrsam blieb, nicht. Auch lässt sich nur spekulieren, welche Folgen dieser »Warnschuss« für ihn und seine Arbeit hatte. Dennoch fällt auf, dass Schuberts schöpferische Krise mit all ihren berühmten Begleiterscheinungen (»Unvollendete«, Quartettsatz c-Moll und viele weitere Fragmente) exakt in jenen Wochen ihren ersten Höhepunkt erlebt – mit dem Abbruch der »Lazarus«-Komposition nämlich. Zu fragen wäre also, ob es sich bei Schuberts angeblich nur stilistischer Neuorientierung nicht um eine viel umfassendere handelte: um eine des künstlerisch-gesellschaftlichen Standpunktes – Opposition als Grundbedingung des Komponierens. Nach dem Verlust des »liebsten, theuersten Freundes« Senn, nach dem (mutmaßlichen) Verbot der Zeitschrift »Beyträge zur Bildung für Jünglinge« und der Unsinnsgesellschaft kurz zuvor blieben Schubert ferne Weggefährten wie der Dichter Wilhelm Müller. Der bei seinem Wienaufenthalt im Jahr 1817

Johann Senn natürlich nicht begegnet war. Oder vielleicht doch? Wer die »Winterreise« einmal aus dem Blickwinkel eines 14 Monate inhaftierten, dann verbannten, mit Berufsverbot belegten, bespitzelten, verarmten Mannes liest (und hört!), wird gespenstische Parallelen entdecken.

Marcus Imbsweiler, im Oktober 2010

Marcus Imbsweiler

König von Wolckenstein

Conte Roman

432 Seiten
Hardcover mit Schutzumschlag
ISBN 978-3-936950-57-1
22,90 €

Marcus Imbsweiler

Der dicke Fisch von Wolckenstein

Conte Roman

432 Seiten
Hardcover mit Schutzumschlag
ISBN 978-3-941657-05-2
22,90 €

Die Wolckenstein-Chronik zu lesen ist, als würde man die tägliche Seifenoper im Fernsehen verfolgen – eine Seifenoper von der besten Sorte allerdings. Treffsicher und elegant verwoben bietet er uns all die Verstrickungen, Eitelkeiten und Machenschaften der Wolckensteiner dar. Er kennt sich sowohl in den Hirnwindungen windiger Parteikandidaten als auch pubertierender Jugendlicher offenbar bestens aus. Ein Lesegenuss, eine gelungene Gesellschaftskomödie.

Dorothee Scharner, Saarländischer Rundfunk

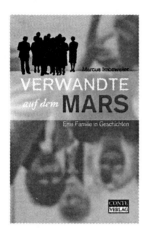

Marcus Imbsweiler
Verwandte auf dem Mars
Eine Familie in Geschichten

Conte Belletristik

182 Seiten
Paperback
ISBN 978-3-936950-58-8
12,90 €

Es ist ein Kreuz mit den lieben Verwandten.
Vor allem wenn sie sich aus lauter Querköpfen und Son-
derlingen zusammensetzen wie jene Sippschaft aus dem
Nordhessischen. Großonkel und Großtante zum Beispiel
geht man lieber aus dem Weg. Der eine ist ein Langwei-
ler, der auf sein in beamteter Beschaulichkeit verbrachtes
Leben so stolz ist, dass er allen davon erzählen möchte.
Warum nicht gleich eine Autobiographie verfassen (»In
Zügen«)? Die Großtante denkt da praktischer; sie zieht
sich ans Meer zurück, bevor die Verwandtschaft über
ihr sauer Erspartes herfällt. Leider reicht es nicht zum
erträumten Altersruhesitz in der Sonne, sondern nur zur
Untermiete an der Ostsee (»Sansibar«).

Was genügend Stoff für ganze Familien-Sagas bietet,
verpackt Imbsweiler in 14 kleine, leichtfüßige Geschichten,
oft mit zwinkerndem bis aalglattem Humor, zumeist aber
mit nachdenklicher Zurückhaltung.
Magdalena Tonner, Rhein-Neckar-Zeitung

Reinhard Febel
Giftiger Fisch

Conte Belletristik

242 Seiten
Paperback
ISBN 978-3-941657-01-4
13,90 €

Reinhard Febels elf Kurzgeschichten handeln von
Menschen in Grenzsituationen, die bis ins Groteske
verzerrt und weder über Ort noch Zeit verankert
sind. Spielerisch mischt Febel Krimi-Elemente
und Filmtechniken mit dem Rahmen der phan-
tastischen Erzählung. So entstehen flirrende, wie
von einem Zenmeister verfertigte kosmopolitische
Erzählungen.

*»Febel pflügt die menschliche Psyche um, forstet im
Unterbewusstsein und fördert erstaunliche tiefen-
psychologische Hintergründe ans Tageslicht. Seine
Fähigkeit, flüssig, elegant, reichhaltig, treffend und
manchmal auch kühn zu formulieren, hebt das Buch
aus der literarischen Alltagsflut heraus.«*
Saarbrücker Zeitung

Besuchen Sie uns im Internet:

www.conte-verlag.de